Ana Tajder

TITOLAND

Eine gleichere Kindheit

GEGRÜNDET
1999

Ana Tajder

TITOLAND

Eine gleichere Kindheit

Czernin Verlag, Wien

Tajder, Ana: Titoland, Eine gleichere Kindheit / Ana Tajder
Wien: Czernin Verlag, 2012
ISBN: 978-3-7076-0405-4

Umschlaggestaltung: sensomatic
Lektorat: Barbara Blaha
Satz: Burghard List
Druck: Druckerei Theiss, A-9431 St. Stefan
ISBN Print: 978-3-7076-0405-4
ISBN E-Book: 978-3-7076-0406-1

Inhalt

Mir.

Anfang vom Ende

1974 wurde ich geboren. Im selben Jahr wurde Tito zum Präsidenten auf Lebenszeit gewählt. Er verabschiedete bald darauf eine neue Verfassung, die den jugoslawischen Republiken mehr Autonomie und den Ausstieg aus der jugoslawischen Föderation ermöglichte.

Dado, der Cowboy

Es war Papas Aufgabe, mich in den Kindergarten zu bringen. Ich löste mich nie ganz von der Angst, meine Eltern würden mich dort zurücklassen. Jeden einzelnen Tag brach ich beim Abschied in lautes Weinen aus. Ich spüre noch die Tränen, die mir diese Angst die Wangen entlanglaufen lässt... Das verzerrte Gesicht, das sinnlos versucht, Mitleid zu erregen und mich zu retten. Ich verhandelte: Verlass mich nicht! Warum können wir nicht den ganzen Tag zusammen verbringen? Ich will auch ganz brav sein.

Ich habe den Kindergarten gehasst. Ich habe alles gehasst, was ein Muss war. Dabei war es nicht nur irgendein Kindergarten – er war neu und sehr schick. Eine kleine Ansammlung wunderschöner Bungalows, verstreut über einen riesigen grünen Park: neuester Spielplatz, buntes Spielzeug, entzückende winzige Möbel. Aber es half alles nicht. Ich verabscheute es, Teil einer Gruppe zu sein, zu der ich, abgesehen vom gemeinsamen Lebensalter, keine Zugehörigkeit verspürte. Ich hasste es, mittags schlafen zu müssen. Schlafen war etwas Intimes, etwas, das ich mit dieser Masse unbekannter Kinder und zweier wachender Erwachsener, von denen ich nur die Namen kannte, nicht teilen wollte. Ich verbrachte endlose Stunden wach unter der Decke und lauschte dem gedämpften Gemurmel der Kindergartentanten.

Beide Eltern arbeiteten. Beide waren erfolgreich, anders und wichtig – im sozialistischen Paradies der Gleichen waren meine Eltern *gleicher*. Was keinesfalls *reicher* bedeutete. Unser einziger Luxus war, dass meine Mama auf der Straße erkannt wurde, was manche Türen schneller öffnete (das war wichtig, weil sich Mama immer verspätete). Sie war Filmschauspielerin, eine der berühmtesten in Jugoslawien. Trotzdem arbeitete sie auch als Grafikdesignerin für *Modra Lasta, Die Blaue Schwalbe*, die einzige kroatische Jugendzeitung. In Jugoslawien hatte es keinen materiellen Vorteil, ein Star zu sein. Niemand verdiente mehr Geld, weil er oder sie berühmt war.

Da die Zeitschrift nachts gedruckt wurde, musste meine Mutter einmal im Monat in die Druckerei fahren, um den ersten Abdruck zu überprüfen. Oft durfte ich mit. Ich fand diese Nachtausflüge ausgesprochen aufregend – die riesigen, lauten schwarzen Maschinen waren überwältigend, der Geruch der Druckfarbe prägte sich mir intensiv ein, die blau gekleideten Arbeiter waren sehr nett. Nach einem lauten Piepton spuckte die Maschine tausende bunte Blätter aus. Es war Zauberei. Es gab mir das Gefühl, bei etwas Wichtigem dabei sein zu dürfen.

Papa war Architekt und plante Kindergärten und Schulen. Auf jeder neuen Baustelle erhielt er einen gelben Helm für seine etwaigen Kontrollbesuche. Nach Abschluss des Bauprojekts behielt er den Helm. Bald hatten wir auf dem Bücherregal im Wohnzimmer eine gelbe Helmkollektion, jeder Helm symbolisierte eines seiner Häuser. Er arbeitete viel und erhielt immer wieder für seine Häuser Auszeichnungen. Wir mussten oft an langweiligen Preisverleihungen für ihn teilnehmen, der schwarz-weiße, streng gerahmte Tito blickte stolz auf uns herab.

Jeder war beschäftigt. In Titos Jugoslawien haben alle gearbeitet. Es gab keine Arbeitslosen, oder auch nur Hausfrauen. Alle Kinder hatten einen Platz im Kindergarten und alle Schulen hatten sowohl Ganztags- wie Halbtagsprogramme. Für uns alle war bestens gesorgt.

Es war Tito, der für uns sorgte. Nach dem Krieg entwarf er sein Staatssystem, ohne Unterstützung aus Moskau. In freiwilligen Arbeitsbrigaden bauten die Menschen die zerstörte Infrastruktur Jugoslawiens mit eigenen Händen wieder auf. Da er sich im Zweiten Weltkrieg »selbst« sein Land erkämpft hatte, wollte Tito es auch selbst regieren. Zum offenen Konflikt mit Moskau kam es 1947, als er gemeinsam mit Bulgarien eine Balkanföderation entwerfen wollte. Stalin gefiel diese Idee nicht. Wegen des Konflikts zwischen Tito und Stalin stieg Jugoslawien 1948 aus dem kommunistischen Lager aus (oder wir wurden rausgeschmissen, wie man es nimmt) und Tito entwickelte seine eigene Version vom Realsozialismus – die sozialistische Marktwirtschaft. 1949 eskalierte der Konflikt und Stalin positionierte sowjetische Truppen entlang der jugoslawischen Grenze. Die USA erklärten, dass sie im Falle eines Angriffs auf Jugoslawien nicht neutral bleiben würden. Diese Ansage bedeutete für uns einen gewissen Schutz durch den Westen.

Es ging uns gut. Wir waren der Osten vom Westen und der Westen vom Osten. Wir genossen eine besondere Stellung. Wir waren Kommunisten mit kapitalistischem Touch. Wir saßen zwischen zwei Stühlen. Titos System war liberaler als Stalins Sowjetunion und flirtete gerne mit dem Kapitalismus und der Marktwirtschaft. Das föderale Konzept gab den sechs Republiken Selbstbestimmungsrechte. Die Arbeiterselbstverwaltung gab den Mitarbeitern Einfluss auf die Führung ihrer Betriebe: Sie durften über die Gehälter und das Management (sie hießen Direktoren) selbst entscheiden. Klein- und Familienbetriebe waren erlaubt. Die Grenzen waren nicht nur für Reisen, sondern auch für die Investitionen, Touristen und Gastarbeiter offen.

In den Sechzigern war Tito einer der Gründer der »Bewegung der Blockfreien Staaten«. Diese Staaten verhielten sich neutral und setzten sich für den Frieden ein. Gemeinsam hielten sie fast zwei Drittel der Sitze in der UN-Generalversammlung. Nicht nur politisch, auch wirtschaftlich profitierte Jugoslawien von diesem Staatenbund – unsere Unternehmen bauten in den Ländern des Staatenbunds Infrastruktur und Industrie auf und wir exportierten unsere Produkte.

Das sozialistische Paradies hatte einen hohen Preis. Tito duldete keine Kritik. 1949 wurde die Insel *Goli Otok*, *Nackte Insel*, zu einem brutalen Hochsicherheitsgefängnis umgebaut. Hier wurden Stalinisten isoliert zur Zwangsarbeit in den Steinbrüchen und Werkstätten eingesetzt. Später wurden hier auch Regimekritiker festgehalten. 1971 erstickte Tito den *Kroatischen Frühling*, eine politische Bewegung, die sich für mehr Autonomie für Kroatien einsetzte.

In den Achtzigern wurde meine Mutter wiederholt von Beamten der UDBA (dem jugoslawischen Geheimdienst) zu Verhören geholt. Sie holten sie von zuhause ab und brachten sie in ihre Büros. Zuerst wusste sie nicht einmal, worum es eigentlich ging. Erst beim letzten Verhör wurde ihr gesagt, dass sie jemand aus einer Filmcrew in Novi Sad angezeigt hätte. Sie habe in einer Debatte gesagt, dass den Nachrichten nicht zu glauben wäre, da sie voller Lügen seien. Das reichte schon, um den Geheimdienst auf den Plan zu rufen. Mama hatte zu vielem eine Meinung und für die stand sie ein – auch lautstark. So ging sie während der Studentenbewegung 1968 auf die Barrikaden. Nach den Verhören drehte sie kaum noch Filme. Sie meint heute, das letzte Verhör markiert – nicht zufällig – das Ende ihrer Filmkarriere.

Es war Mamas Aufgabe, mich aus dem Kindergarten abzuholen. Sie verspätete sich oft. Nicht um Minuten – um

Stunden. Ich saß stundenlang im leeren dunklen Kindergarten und schaute den Putzfrauen bei ihrer Arbeit zu. Die Putzfrauen haben mich kaum bemerkt, so still war ich. Ich fragte mich, ob mich meine Eltern wieder holen würden. Ich dachte, ich müsste im dunklen Kindergarten alleine übernachten. Ich dachte, nun bei den Putzfrauen wohnen zu müssen. Still und ruhig wartete ich. Ich war mir sicher: Wenn ich nur brav bin, kommt die Welt wieder in Ordnung. Kaum sah ich Mama an der Tür, lief ich ihr entgegen, als wäre nichts gewesen. Sie holte mich natürlich immer ab. Und erzählte mir von der unerwarteten Arbeit oder der langen Wartezeit in der Bank. Es hat lang gedauert, bis ich begriffen habe, dass Mamas fehlendes Gefühl für Zeit und Priorität ihrer endlosen Liebe für mich keinen Abbruch tut.

Mama brachte Zauber in mein Leben. Sie nähte mir für das Faschingsfest im Kindergarten ein Kleid aus weißem Tüll. Ich war eine Prinzessin, eine Ballerina, eine Fee. Man konnte in Jugoslawien nur praktische und langweilige Sachen kaufen. Zaubern musste man schon selbst. Ich erinnere mich an das Gefühl von rauem Tüll an meinem Körper (es gab natürlich nur eine Sorte von weißen Tüll zu kaufen und dieser war ziemlich kratzig). Ich spüre noch meine Bewegungen unter dem Kleid. Das Tanzen. Der Stolz. Der Zauber.

Papa versuchte auch, Zauber in mein Leben zu bringen. Einmal verkleidete er sich beim Nikolausfest als Krampus. Meine beiden Cousins waren bei uns, wir waren zwischen drei und fünf Jahren alt und es hätte eine besondere Überraschung für uns werden sollen. Es war dunkel und Papa trat durch die Balkontür ins Wohnzimmer. Er war schwarz angezogen, trug eine schwarze Strumpfhose über seinem Gesicht, eine große rote Zunge blitzte auf Höhe des Mundes hervor. Hörner saßen auf seinem Kopf und er rasselte mit schweren

Ketten. Meine Cousins fingen auf der Stelle an zu schreien und ich, die Jüngste, war so erschrocken, dass ich erstarrte und in dieser Sekunde aufhörte zu atmen. Panik brach aus, Papa zog schnell das Kostüm aus, alle versuchten zu lachen und mir zu erklären, dass es nur ein Scherz gewesen war. Erst nachdem mein Gesicht blau angelaufen war und Mama bereits am Rande eines Nervenzusammenbruchs stand, atmete ich endlich wieder ein. Monatelang hatte ich noch Angst vor der Balkontür und traute mich nicht in die Nähe.

Auch die Firmen, die unsere Eltern beschäftigten, sorgten für Zauber. Zu Weihnachten veranstalteten sie aufwändige Feste für die Kinder der Angestellten. Es war ein verkleideter Nikolaus dabei, der *Djed Mraz*, *Väterchen Frost*, hieß. Er überreichte jedem von uns persönlich einen Sack voll Spielzeug, Büchern und Süßigkeiten. Wir liebten Weihnachten. Meine Eltern überlegten sich jedes Jahr einen neuen, kreativen, selbst gebastelten Baumschmuck: rosafarben Schleifen, selbst gebackene Kekse, Origami. Ich fand am Weihnachtsabend unter dem Baum immer ein tolles Spielzeug. Das schönste meiner Geschenke war ein großer weicher Stoffhund: Er war weiß, kuschelig und beinahe so groß wie ich selbst.

Meine Kindheit verlief als eine schöne, ruhige Zeit. Ausflüge, Sommer am Meer, rotes hölzernes Bauernspielzeug vom Markt. Der Geruch von Maroni im Herbst, Kürbisschnitzen zu Allerheiligen, Baumschmücken zu Weihnachten, Eierfärben zu Ostern, mein Geburtstag und Namenstag, zu denen Oma mir immer Geschenke schickte. Das sonntägliche Mittagessen bei Papas Eltern, meine Cousins waren auch da. Wir spielten »Küche« im Garten mit einer kleinen Kochplatte aus Plastik, kochten Blätter und Gras in winzigen Kochtöpfen. Im Winter blieben wir im Wohnzimmer und spielten »Pong«, das erste verfügbare

Videospiel. Den schwarzen Bildschirm mit zwei weißen Strichen und einem herumhüpfenden Ball fanden wir unglaublich aufregend. Meine Cousins prügelten sich oft und schrien dabei. Bei ihrem Anblick war ich immer glücklich, ein Einzelkind zu sein.

Oma machte die besten gebackenen Schnitzel, tolle Hühnersuppen, frische Krapfen und *Poderane gače*, *Scherben*, eine einfache aber leckere Mehlspeise. Opa war anerkannter Geowissenschaftler und das jüngste Mitglied der Jugoslawischen Akademie der Wissenschaften. Er war immer schlecht gelaunt und redete ausschließlich mit meiner Mutter. Er respektierte sie und fühlte sich nur von ihr verstanden. Meine Eltern waren ausgesprochen gesellig – ich erinnere mich an unzählige Gäste, Partys, Besuche bei Freunden, Premieren, Vernissagen. Ich hasste Vernissagen: Das Einzige, das ich dort zu sehen bekam, waren Beine, Beine und nochmals Beine. Für den Besuch von Vernissagen musste man schon eine gewisse Größe erreicht haben.

Zu der Zeit schenkte ich mir meinen ersten Zen-Moment. Es war ein sonniger warmer Nachmittag. Ich war im Kindergarten und saß alleine auf einem Hügel und aß – Kleeblätter. Es war ein magischer Moment. Vielleicht war es dieser Moment, in dem ich lernte, das Alleinsein zu lieben. Die Wiese war saftig grün, ich zupfte ein Kleeblatt nach dem anderen, steckte es in den Mund, kaute und schluckte. Es schmeckte frisch, grün und sonnig. Es war unvergesslich.

Im ganzen Kindergarten gab es nur einen Cowboy. Einen einzigen – der musste mir gehören. Dado (das ist die Kurzform für Davor) war drei oder vier Jahre alt und winzig klein. Wir besuchten dieselbe Gruppe. Dado trug immer einen Cowboyhut und einen Gürtel mit einem Revolver-Halfter. Und natürlich auch einen Revolver. Er hatte schwarze Locken, war energiegeladen, witzig und frech. Er war der coolste Junge im Kindergarten. Und er war mein Freund.

Ich habe noch irgendwo ein Foto von Dado und mir. Er in seinem Cowboy-Outfit, ich in meinem grünen Mantel und den gelben Stiefeln, die Beine weit auseinander, fest am Boden, unser selbstsicherer Blick ist direkt in die Kamera gerichtet. Wir waren ein perfektes Paar. Bonnie und Clyde vom Kindergarten Mihaljevac.

Wer weiß, was aus Clyde geworden ist?

Schießübungen

Irgendwann in den frühen Achtzigern kam der erste Schultag. Und mit ihm eine blaue Kutte sowie eine rot karierte Schultasche. Zwei wesentliche Dinge unterschieden die Schule vom Kindergarten: Die Schule war viel näher und ich brauchte jetzt eine Schultasche, gefüllt mit Büchern, Heften und einem Federpennal voll bunter Stifte. Ich war aufgeregt, allerdings nicht im Übermaß. Auf die Schule freute ich mich genauso wenig wie auf den Kindergarten: Sie war nur eine weitere Stufe des »Müssens«. Das einzig Positive daran war, dass ich dort mittags nicht mehr schlafen musste, obwohl es eine Ganztagsschule war.

Die Schule war nicht mehr ganz so modern wie der Kindergarten, aber immer noch sehr modern. Sie war größer, grauer und weniger freundlich. Fünf aneinandergereihte hellgraue Schachteln. Ein sozialistischer Traum der Modernität und Nützlichkeit.

In der Schule lernte ich Ivo und Ana kennen. *Ivo i Ana*. Eigentlich sollte es Ana i Ivo heißen. Man lehrte uns, dass man aus Höflichkeit zuerst die weiblichen Namen nennt. So wie man Damen die Tür aufhält und ihnen beim Anziehen des Mantels hilft. Die Frauen waren gleichberechtigt, die alten Benimmregeln galten aber noch. Wer sich wohl aus welchen Gründen für Ivo i Ana entschieden hatte?

Ivo i Ana waren die Protagonisten in unserem ersten Schulbuch. Sie waren bunt, klein, süß und ihre Namen waren einfach zu schreiben. Drei Buchstaben mal zwei macht sechs. Sie besuchten eine Schule, die unserer erstaunlich glich, spielten und machten auch sonst das, was wir taten. Ivo i Ana haben uns über die Jahre begleitet. Ich denke immer wieder an Ivo i Ana. Vor 30 Jahren fragte ich mich, ob sie eigentlich ineinander verliebt sind? Vor 20 Jahren, ob sie denn Kroaten sind? Vor 15, ob es sie noch gibt? Vor acht, ob sie wohl erfolgreich sind? Jetzt frage ich mich, ob sie geschieden sind? Vielleicht leben sie im Ausland? Leiden sie an einem Burnout? Haben sie Kinder?

Unsere Schule hieß *Sedam sekretara SKOJ-a, Sieben Sekretäre von SKOJ*. SKOJ war die Vereinigung kommunistischer Jugendlicher Jugoslawiens. Ein unaussprechlicher Name. Um ehrlich zu sein, kannten wir die Sekretäre nicht (obwohl ihre Büsten den Schuleingang schmückten) und wussten auch nicht, warum sie eigentlich wichtig waren. Aber wir fühlten uns wegen diesem offiziellen, politisch geprägten und komplizierten Namen schon irgendwie wichtig. »In welche Schule gehst du?« »Kaptol. Und du?« »Sedam sekretara SKOJ-a«. Das machte doch Eindruck. Wenn wir einmal nicht gerade cool sein mussten, nannten wir die Schule schlicht »Mlinarska«, nach der Straße, in der sie sich befand.

Hinter der Schule befanden sich neben einem riesigen Spielplatz noch ein Sportplatz sowie ein verwinkelter und verwilderter Park. Dieser Park wurde gerne von Flashern besucht, die den Kindern ihre grauslichen kleine Schwänze zeigten. Wir hatten keine allzu große Angst vor ihnen, da unsere Eltern und Lehrerinnen (wir nannten sie die Genossinnen), uns bestens vorbereitet hatten. Außerdem waren wir wahrscheinlich die letzte Generation, die medial abgeschirmt aufwuchs und kaum je Angst vor dem Leben gelernt hat. Wir kannten keine Gewalt, keine Perversionen und keine Grausamkeit. So nahmen wir die Flasher einfach als Verrückte, die man, so man ihnen begegnete, stehen ließ. Die Regel lautete schlicht: Man sollte sich umdrehen und weggehen. Wir nannten sie *Manijaci*, die Verrückten.

Tea, die mit mir die Schulbank teilte, und ich beschlossen, Flasher, Einbrecher und andere »gefährliche« Menschen als *Manijaci* zu benennen. Wir kauften uns ein kleines rotes Tagebuch mit einem Einband aus Plüsch, das wir als »Manijak-Tagebuch« verwendeten. Es wechselte alle paar Tage zwischen uns beiden hin und her und wir notierten darin alle verdächtigen Vorkommnisse unserer Umgebung, die mit Hilfe unserer großzügigen Vorstellungskraft irgendwie zu den *Manijaci* führten. Die *Manijaci* in unserem Tagebuch waren sehr gefährliche Menschen, wir wussten aber nicht, wie sich die Gefährlichkeit real äußern könnte: Da wir Kriminalität nur aus (verglichen mit der heutigen medialen Präsenz von Gewalt) harmlosen Quellen wie Hercule-Poirot-Verfilmungen kannten, blieb die Gefahr abstrakt. Es war eher ein Spiel mit Mysterien. »Gestern lag in unserem Stiegenhaus ein schwarzer Handschuh. Dieser war sicher vom *Manijak* bei seinem letzten Raubversuch benutzt worden.«

Das Tagebuch hatte etwas Magisches, es verwandelte uns in Detektive, in Agatha Christie und Ann Radcliffe: Frauen, die gespenstische Ereignisse beobachteten, Zusammenhänge entdeckten und mysteriöse Fälle lösten. Wir waren ernst und wichtig. Erwachsen. Wir kämpften gegen das Böse, ohne zu verstehen, was es genau sein konnte.

Die Schule fing um acht Uhr morgens an und endete um 16:15 Uhr. Wir mussten Hausschuhe und blaue Kutten tragen, um nicht nur gleich zu sein, sondern auch gleich auszusehen. Jugoslawien, ein Königreich der Einheit und Gleichheit. Man konnte nur gleichartige schlichte Sachen kaufen. Die individuellen Stücke musste man im Ausland besorgen oder selbst herstellen. Und so nähte mir Mama eine Kutte. Meine Kutte war auch blau, war aber auf Schulterhöhe und am Rocksaum gerüscht und hatte auf der Rückseite knapp über dem Popo eine riesige Schleife. Selbst uniformiert sah ich anders aus. Ich war eine sozialistische Sarah Kay. Die Prinzessin der blauen Kutten.

Nicht nur meine Kutten wurden von Mama entworfen, auch alle meine anderen Kleider. Rüschen, Stickereien, Perlen, Unterröcke, Spitze, Schürzen, lackierte Riemchenschuhe. Es waren eher Kostüme. Ich war Alice im Wunderland, Prinzessin Anastasia. Manchmal sprach mich jemand in der Straßenbahn oder auf der Straße an: »Oh kleine Prinzessin, wer macht denn diese schöne Kleider für dich?« Ich genoss diesen Augenblick. Ich genoss es, anders zu sein. Ich liebte die Schichten des feinen Stoffes, der sich um meine Beine wickelte, und die ich oft mit meinen Händen zähmen musste. Ich genoss die Träume, die diese Kleider mit sich brachten. Die Träume von anderen Zeiten und anderen Orten.

Die Gleichheit in Jugoslawien war voller Ambivalenz. Wir waren gleich, es gab aber Gleiche und *Gleichere*. Meine besten Freunde in der Schule waren die Tochter eines Schaffners und die Tochter einer Kellnerin (sie waren gleich) sowie Titos Enkelsohn. Tito glaubte, dass seine Söhne kein besonderes Leben verdienten, nur weil sie seine Söhne waren. So lebte einer der beiden Söhne mit seiner Familie in einer schlichten Wohnung in unserer Nachbarschaft. Nach Titos Tod kümmerte er sich um die beiden Pudel, die Tito gehört hatten und die er mitnahm, wann immer er seinen Sohn von der Schule abholte. Auch der Sohn der berühmtesten jugoslawischen Opernsängerin zählte zu meinem Freundeskreis oder der Enkel eines Staatspräsidenten. Sie waren *gleicher*.

Die *Gleicheren* wurden aufgrund ihres Talents oder ihres besonderen Beitrags für das Wohl der Gemeinschaft als wichtige Menschen anerkannt. Zu ihnen zählten Politiker,

Künstler, Intellektuelle. Sie und ihre Familien genossen in der Gesellschaft besonderen Respekt, welches sie anders, *gleicher,* machte. Materiell hat sich dieses *Gleicher-Sein* nur marginal ausgewirkt. Man lebte ein wenig besser, aber niemand war um ein Vielfaches reicher.

Insgesamt waren wir wirklich alle gleich. Oder die Unterschiede waren für uns zumindest nicht spürbar. Ich weiß nicht, ob es tatsächlich an der Gleichheit oder an unserem Alter lag. Unsere Eltern hatten einen sicheren Job, ein Dach über dem Kopf, fuhren ein ähnliches Auto, und wir kauften die gleichen Sachen in den gleichen Geschäften ein. Wir besuchten auch alle in die gleiche Ballettschule und das gleiche Schwimmtraining.

Die Schule war langweilig und nahm sich selbst viel zu wichtig. Mathematik, Kroatisch, Biologie, Chemie, Physik, Geographie, Geschichte, Französisch und Englisch stand auf dem Stundenplan. Der Stoff war trocken, der Unterricht der Genossinnen öde. Es gab nur zwei interessante Fächer: Haushalt und Verteidigung.

In den Haushaltsstunden lernten wir Nähen, Basteln und die theoretischen Grundlagen des Kochens. Ich weiß heute noch, wie (und warum) eine optimale Küche aufgeteilt werden sollte und wie man einen Knopf richtig annäht. In den Verteidigungsstunden ging es um den Gebrauch von Geländewagen, Bomben und Militärstrategien. Wir lernten eine Pistole auseinanderzunehmen, sie zu putzen und anschließend wieder zusammenzusetzen. Auch Schießübungen standen auf dem Stundenplan. Sie fanden im grauen Betonhof hinter der Schule statt. Sie waren spannend, aber herausfordernd. Das Gewehr war größer, als ich es ich es war und so schwer, dass es schmerzte, sobald ich es auf meine Schulter legte. Es war auch viel zu laut und verursachte einen ziemlichen Rückstoß. Trotzdem liebten wir die Übungen: Wir waren von allem begeistert, was nicht im Klassenzimmer stattfand. Jahre später war ich mit einer Firma bei einem Teambuilding-Seminar. Im Keller des Hotels gab es einen Schießstand. Meine Kollegen waren über mein Schießtalent erstaunt. »Das habe ich in der Schule gelernt«, erklärte ich mit größter Selbstverständlichkeit. Erst nachdem ich den Satz zu Ende gesprochen hatte, bemerkte ich an den Gesichtern der Umstehenden, dass diese Fähigkeit vieles ist – aber nicht selbstverständlich.

Eine weitere Besonderheit, die wir in der Schule erlernten, war die kyrillische Schrift. Serben, Montenegriner und auch Mazedonier verwendeten die kyrillische Schrift und da Belgrad die Hauptstadt von Jugoslawien war, musste es auch das übrige Jugoslawien schreiben können. Es war witzig, eine neue Schrift zu lernen. Es war als würden wir eine Geheimschrift üben. Wir fühlten uns wie Geheimagenten, weil wir zwei verschiedene Schriften schreiben und lesen konnten.

Doch das alles war nichts im Vergleich zu Titos Bildung: Im Ersten Weltkrieg lag er ein Jahr lang in einem russischen Spital, wo er Kyrillisch und Russisch lernte und Tolstoi, Turgenev und Kurpin las. Davor hatte er kurz in Deutschland und Österreich gelebt, wo er bei Daimler-Benz gearbeitet hatte und fließend Deutsch sprechen gelernt hatte. Er war ausgebildeter Schlosser, konnte Klavierspielen, Reiten, Fechten, Skifahren und Walzer tanzen. Und das alles konnte er, obwohl er nur ein armer kroatischer Bauernsohn war. (Man erzählt sich, dass die britische Königin, als sie ihn Klavierspielen hörte, sagte: »Wenn dieser Mann ein Schlosser ist, bin ich keine Königin.«). Bei so einem Präsidenten hatten wir ja keine andere Wahl als uns in der Schule richtig anzustrengen.

Eines Tages bekamen wir einen neuen Lehrer. Als er uns vorgestellt wurde, waren wir vor Schock sprachlos. Er war sehr klein und hatte auf der rechten Seite seines Rückens einen riesigen Buckel. Er hatte lange schwarze, lockige Haare, durch die sich auf Stirnhöhe bereits eine weiße Strähne zog. Er trug ausschließlich schwarze Kleidung. Sein Anblick machte uns Angst. Doch wir sollten uns täuschen: Es war in kürzester Zeit klar, dass er der beste Lehrer war, der uns je unterrichten würde.

Meine immer rebellische Mutter erklärte diesem neuen Lehrer, dass alles, was wir aus den »Ivo i Ana«-Büchern lernten, simpler Schund sei und wir endlich praxisbezogen lernen sollten. Sie brachte ihn auf die Idee, mit uns einen Garten anzulegen. Heute sind Projekttage, Exkursionen und offene Lernformen längst Standard, vor 30 Jahren war es revolutionär. Durch eine wundersame Fügung bekam er die Erlaubnis der Schulleitung und überzeugte auch die anderen Eltern. Jeder spendete Samen oder Werkzeug und wir fingen voller Enthusiasmus an. Monatelang arbeiteten wir voller Stolz in unserem Garten. Und wir waren sehr erfolgreich: Wir züchteten Tomaten, Kräuter und Blumen.

Er schimpfte nicht mit uns, wenn wir unkonzentriert oder wild waren. Er versuchte auch nicht, Disziplin zu schaffen. Er tat genau das Gegenteil. Er holte aus dem Turnsaal dicke Matten, breitete sie unter die Tische und erlaubte uns, von den Tischen hinunterzuspringen: immer und immer wieder.

Irgendwann warfen sie ihn raus. Einfach so, von heute auf morgen. Unsere kollektive Trauer war heftig. Wir fühlten uns von der Schule verraten und fanden für sie nie wieder den gleichen Enthusiasmus wie vor seinem Rauswurf.

Wir lasen *SMIB* (*Smilje i Bosilje, Immortelle und Basilikum*, die kostenlose Schulzeitung), ich las alle Bücher von

Ivan Kušan, einem Kinderbuchautor, der mit meinen Eltern befreundet war. Mein Lieblingsbuch aber war William Saroyans *Ich hab dich lieb, Mama*. Es war die Geschichte von einem Mädchen, das nach der Trennung der Eltern zusammen mit seiner Schauspieler-Mama nach New York zieht, um für sie eine Rolle zu finden. Überraschenderweise kriegen beide eine Rolle im selben Theaterstück. Mama illustrierte *Tonkica Palonkica frrrr ...*, ein Bilderbuch von Kušan. Wir verliebten uns alle in die netten Gedichte und das außergewöhnliche Design. Wir lernten die Gedichte auswendig und rezitierten sie gemeinsam. Für die Illustration des Buches bekam Mama ein Preis. Ich war unbeschreiblich stolz.

Ich liebte die *Schlümpfe* und die *Muppet Show*, die im Originalton mit kroatischen Untertiteln ausgestrahlt wurde. Die Eltern schauten mit und übersetzten. Bei meinem ersten Kinobesuch sah ich mit meinem Papa *E.T.* Vor dem Kinoeingang konnte man kleine Plastiksäckchen mit gesalzenen Kürbiskernen kaufen, das Schälen der Kerne beschäftigte das restliche Publikum während des Films ziemlich. Wir hingegen aßen nicht. Wir konzentrierten uns auf dem Film. Es war aufregend: der große dunkle Saal im schlichtem braunen Nachkriegdesign, die riesige Leinwand. Und E.T. – ich wollte auch einen E.T. zuhause haben, genauso wie Elliott. Der Film wurde im Originalton gesendet, aber ich konnte zu der Zeit schon gut lesen und brauchte keine Hilfe bei der Übersetzung mehr. Es war das erste Mal, dass ich meinen Papa weinen sah. Ich war überrascht, wusste nicht, wie ich reagieren soll – ob ich ihn trösten sollte oder nicht. Ich lehnte meinen Kopf an seinen Arm. Er merkte, dass ich ihn weinen gesehen hatte, sagte aber nichts.

Als ich neun war, trat meine erste beste Freundin in mein Leben. Ich sah sie vor den Schulbüros im ersten Stock unserer

Schule. Sie stand zwischen ihren Eltern und der dicken Schuldirektorin. Sie trug einen rosa Sweater, bedruckt mit einer riesigen Minnie Mouse, und dunkelrote Jeans. Ihre Haare waren kurz und standen in alle Richtungen ab und sie kaute an ihrem roten Spiralkabel-Schlüsselanhänger, den sie dabei immer wieder in die Länge zog. Zwei Sachen waren gleich klar: Barbara war definitiv aus dem Westen – und sie war unbezähmbar.

Barbaras Eltern waren zwar Kroaten, sie selbst war aber in Deutschland geboren worden. Sie kamen zurück als ihre Mutter, wie ich viel später erfahren habe, eine so verheerende Diagnose erhalten hatte, dass ihr die Ärzte empfahlen, in das Land zurückzukehren, in dem sie gern sterben wolle. Die Rückkehr in die Heimat tat ihr allerdings so gut, dass sie noch zwanzig weitere glückliche Jahre erlebte.

Es war (die beste) Freundschaft auf den ersten Blick. Wir hätten unterschiedlicher nicht sein können. So mädchenhaft, höflich und scheu ich war, so burschikos, stur und wild war Barbara. Dank ihr entdeckte ich meine wilde Seite. Im Tandem waren wir die schlimmsten Mädchen der Klasse. Zwei weibliche *Max & Moritz*. Wir zerrissen die aufgefundenen Hefte anderer Schülern, gossen Wasser aus dem zweiten Stock über jene Mitschüler, die im Hof spielten, und versteckten Sachen von unseren Klassenkameraden. Einmal waren wir für meine Mama am Markt frische Eier holen. Wir waren gerade vor der Zagreber Kathedrale, als wir merkten, dass viele von den zwölf Eiern zerbrochen waren (wir waren mit unseren Fahrrädern unterwegs) und in der Einkaufstasche ein furchtbares Chaos angerichtet hatten. Wir parkten die Fahrräder beim großem Brunnen vor der Kathedrale und versuchten, diese Wirtschaft mit Wasser aus dem Brunnen zu beseitigen. Irgendwie landete ein zertrümmertes Ei im

Brunnen, dann ein zweites und dann noch eins. Bald hatten wir alle Eier im Brunnen versenkt. Jemand aus der Schule hatte uns dabei beobachtet und verpetzte uns später.

Wir saßen oft im dunklem Zimmer der dicken Direktorin. Sie schimpfte immer mit Barbara, während ich verzweifelt versuchte zu erklären, dass ich mitgemacht hatte, dass ich dabei gewesen war, dass auch ich böse war. Erfolglos. »Ana, du bist die Brave. Barbara, du hingegen bist ungezogen«, erklärte uns die Direktorin immer und immer wieder.

Im Gegensatz zu Barbara nahm ich die Schule sehr ernst. Während meiner ganzen Schulzeit versuchte Mama, mir zu erklären, dass man sich über die Schule den Kopf nicht zerbrechen sollte: »Das sind doch keine Probleme. Wenn du groß bist, wirst du darüber lachen.«

Sie sollte recht behalten.

Blaue Kappe, rotes Tuch

1980 starb Tito. Es war das Jahr, in dem ich bei den Pionieren aufgenommen wurde. Die Aufnahmezeremonie war der einzige Moment, in dem ich gerne eine Gleiche unter Gleichen war. Die Zeremonie fand im November statt, am Tag der Republik. Wir waren sechs Jahre alt und blickten der Zeremonie voller Nervosität entgegen.

Wir mussten einen Eid auswendig lernen, in dem wir auf die Einheit und die Brüderlichkeit schworen und auf die Ideen, für die Tito gekämpft hatte. Wir mussten auch schwören, dass wir brav lernen und arbeiten werden, unsere Eltern und Ältere und alle Menschen, die Freiheit und Frieden wollen, respektieren werden, und dass wir immer treue und ehrliche Freunde sein werden. Wir trugen weiße Blusen (ausnahmsweise hatte ich keine Rüschen, wahrscheinlich hatte die Lehrerin meine Mama vorgewarnt), dunkelblaue Röcke oder Hosen und weiße Strümpfe. Nachdem wir den Eid brav rezitiert hatten, bekamen wir unsere blauen Kappen mit einem roten Stern darauf, rote Tücher und glänzende rote Pionier-Ausweise. Wir waren von Stolz erfüllt! Bald danach verzierten Mama und ich meinen Stern auf der Kappe mit rotem Nagellack. Vielleicht war er uns nicht rot genug. Oder er war uns zu *gleich*.

Abgesehen von der Zeremonie und den Uniformen gab es daran, Titos Pionierin zu sein, nichts Bemerkenswertes. Eigentlich ging es nur um eine zeremonielle Einführung in die Gruppe der braven Sozialisten. Wir freuten uns also auf jeden feierlichen Anlass, zu dem wir endlich unsere wichtigen Kappen und Tücher tragen konnten.

Das größte dieser Ereignisse war Titos Geburtstag, selbstverständlich auch nachdem er schon lange tot war. Wie die britische Queen hatte auch Tito zwei Geburtstage: einen echten und einen offiziellen. Der offizielle Geburtstag war der 25. Mai, am »Tag der Jugend«. Ich verstand nie, was der Geburtstag dieses alten Mannes mit der Jugend zu tun haben könnte, es war mir aber auch egal. Hauptsache, es war ein Feiertag und wir hatten schulfrei. Erst vor Kurzem sah ich in einem Dokumentarfilm, dass Tito der einzige Staatsmann war, der die 1968er- Bewegung offiziell begrüßte und unterstützte. Vielleicht verdiente er sich durch sein Engagement für die Hippiebewegung den »Tag der Jugend«.

Um Titos Geburtstag zu ehren, gab es eine Stafette, die in Kumrovec, seinem Geburtsort in Kroatien, startete, durch alle größeren Städte Jugoslawiens führte und in Belgrad mit einem riesigem Geburtstagsfest inklusive massenhaftem synchronen Tanzen, Singen und Fahnenschwingen in einem Stadion endete. Ausgewählte Jugendliche trugen die Stafette durch unsere Straßen und wir, die wir nicht ausgewählt worden waren, begrüßten sie mit kollektivem Jubel. Die Stafette war ein langes Stück Holz, in dem Platz für eine Rolle Papier war. Sie sah jedes Jahr anders aus – mal mit zwei Pionieren obenauf, mal mit einem roten Stern, mal sehr abstrakt, mal sehr phallisch. Darin waren die Geburtstagswünsche der jugoslawischen Jugend für Tito versteckt. Ich habe keine Ahnung, wer diese in meinem Namen geschrieben hat.

Ich muss zugeben, dass ich mich daran nicht erinnern kann, auf der Straße gestanden zu sein, um der Stafette zuzujubeln. Nur an die Fernsehübertragung habe ich eine Erinnerung. Ich weiß nicht immer, was meinen realen Erinnerungen entspricht und was ich nur im Fernsehen verfolgt habe. Vielleicht war meine ganze Kindheit nur ein Partisanenfilm?

Die Stafette ging nach Titos Tod weiter, jedes Jahr mit weniger Enthusiasmus. Die letzte fand im Jahr 1988 statt. Ein

Jahr später fiel die Mauer, und die kroatischen Serben fingen an zu rebellieren. Zwei Jahre später brach der Krieg aus.

Ich hatte die Chance, meine Pionier-Uniform öfter als andere zu tragen, da ich im Schulchor sang. Ich war sehr gerne im Chor (wahrscheinlich weil ich dort nicht sein musste). Wir sangen Lieder über Jugoslawien und über den heroischen Kampf der Partisanen und natürlich auch über Marschall Tito. An Feiertagen oder zu speziellen Ereignissen lud uns die benachbarte Feuerwehrzentrale ein, die jugoslawische Hymne zu singen. Ältere, dickliche und grau gekleidete Funktionäre hörten uns brav zu und klatschten. Was für ein Kontrast zu unserer in Rot, Blau und Weiß gehüllten Jugend.

Meine Gesangskarriere endete ziemlich abrupt. Die Chorleiterin warf mich eines Tages – ohne Vorwarnung – hinaus. Ihre Begründung war, dass ich die Musikalität verloren hätte. Meine Eltern sagten nichts dazu. Ich frage mich noch immer, wie man denn seine Musikalität verlieren kann und traue mich heute noch nicht, egal wie viel ich getrunken habe, Karaoke zu singen.

Die aufregendste Phase während meines Pionierdaseins war das Jahr, in dem wir Energie sparen mussten und mehrmals in der Woche der Strom abgeschaltet wurde. Das war fantastisch! Natürlich nur für uns Kinder – den Erwachsenen erschwerten die Stromsparmaßnahmen das Leben unheimlich und sie jammerten heftig über die »Reduktionen«. Mein Papa kaufte mir eine schwarz-gelbe Taschenlampe, die ich in der Schultasche immer bei mir trug. Es war ein unvergessliches Abenteuer, mit meiner Nachbarin Ivana nach der Schule durch stockdunkle Straßen nachhause zu gehen und durch das finstere Stiegenhaus zu tappen bis in den vierten Stock, nur im Lichtschein der kleinen Lampe. Endlich konnten wir unseren Pionier-Geist beweisen. Zuhause warteten meine

Eltern, umhüllt vom warmen Licht der Petroleumlampe und in geheimnisvoller Stille. Kein Fernseher lief im Haus, was bei genauer Betrachtung nicht weiter schlimm war: Es wurde nur ein einziger Zeichentrickfilm pro Tag gezeigt, meist der kroatische *Dr. Baltazar*, die polnischen *Lolek i Bolek*, die deutsche *Biene Maja* oder die amerikanische *Looney Tunes*. Nun aber gab es keine Ablenkung und das war gut so. Meine Eltern, die damals schon öfter stritten, gerieten nie während der Zeit der Stromreduktion aneinander.

Wir mussten auch Benzin sparen. An bestimmten Wochenenden durften nur Autos mit jeweils geraden oder ungeraden Kennzeichen fahren. Manchmal gab es auch Engpässe bei den Importen wie Kaffee, Schokolade, Tampons, aber auch bei wichtigeren Sachen wie Medikamenten. Titos Wirtschaftspolitik war simpel: Alles, was wir im eigenen Land produzieren konnten, mussten wir auch hier produzieren. Das Land durfte nur so viel importieren, wie es auch exportiert hatte.

Die Nachricht von Titos Tod erreichte uns aus Papas riesiger Hi-Fi-Anlage: »Kameraden und Kameradinnen, Kamerad Tito ist gestorben.« Er war 88 Jahre alt. Die Sirene auf dem Dach der Fabrik in der Nachbarschaft heulte hysterisch. Die gleiche Sirene schickte uns elf Jahre später in den Keller und entließ uns erst nach endlosen angstvollen Stunden wieder...

Als Tito starb, war meine Mutter in London beim Festival des Jugoslawischen Films. Sie wohnte bei ihren Freunden, einem Ehepaar. Beide waren jugoslawische Diplomaten. Alle drei blieben die ganze Nacht wach und hörten verängstigt Radio: Ohne Tito bestand die Chance, dass die sowjetische Armee in unser Land einmarschieren würde. Doch nichts passierte.

Jugoslawien trauerte offen und ehrlich um seinen Held und Präsidenten. Dann versuchte es, Tito treu zu bleiben. Ein Präsidium der Republik übernahm die Regierungsgeschäfte. Die acht Mitglieder setzten sich aus je einem Vertreter der sechs Republiken und der beiden Provinzen zusammen. Die Präsidentschaft wurde nach dem rotierenden Prinzip organisiert – jedes Jahr wurde sie von einer anderen Republik übernommen.

Titos Beerdigung war ein repräsentatives Spektakel. Angeblich war seine Beisetzung besser besucht als jene von Kennedy oder Churchill. Es waren vier Könige, einunddreißig Staatspräsidenten, sechs Prinzen, zweiundzwanzig Premierminister und siebenundvierzig Außenminister anwesend. 128 Nationen, beide Seiten des Kalten Krieges und die Blockfreien Staaten. Ein letzter Beweis von Titos Größe.

Tito wurde im »Haus der Blumen« beerdigt, was zu schön klang, um mit dem Tod in Verbindung gebracht zu werden. Für uns war er lebendig. Er blickte im Klassenzimmer auf uns herab. Wir waren Titos Pioniere und Tito war Jugoslawien. Wir kannten nichts anderes. Kroatien war dabei nur ein Teil dieses Landes, die Republik, in der wir zufällig lebten und aufwuchsen. Kroatien hatte für mich in völlig anderen Zusammenhängen mehr Bedeutung. Ich verband es mit den *Croatia Batterien* oder der *Croatia Osiguranje, Croatia Versicherung*, für die ein großes blaues Neonschild auf dem Dach eines Hauses am *Trg Republike*, *Platz der Republik*, warb. Oder auch die kleinen gewölbten blauen Schilder aus Metall, die ein glückliches Bauernpaar zeigten, gerahmt vom weißen Schriftzug *Croatia Osiguranje.* Das Schild hing in vielen Ausführungen über zahlreichen alten Häusertüren.

Der Vater meiner Mutter und auch sein Bruder waren beide Partisanen gewesen und hatten für Jugoslawien gekämpft. Kleine Schwarzweißfotografien zeigen diese zwei jungen hübschen Männer in ihren Partisanenuniformen. Großvater befand sich mit Tito auf Insel Vis, als er hörte, dass sein Bruder im Sterben lag. Da sie ihn nicht gehen lassen wollten, desertierte er, um bei seinem Bruder zu sein. Nach dem Tod seines Bruders kehrte er nur wenige Tage später nach Vis zurück. Zur Strafe für die unerlaubte Entfernung von der Truppe wurde ihm der Offiziersrang aberkannt, der ihm als Arzt automatisch zustand. Nach dem Krieg war er bei seinen Patienten sehr beliebt. Er wurde Primar der Inneren Abteilung des größten Spitals in Zagreb. Ich lernte ihn nie kennen – innerhalb der Familie war er aber immer präsent. Während des Krieges schmuggelte sogar seine Mutter, meine Urgroßmutter, Partisanen-Pamphlete in ihren Unterröcken aus der Druckerei in Šibenik auf ihre Insel Zlarin und dann weiter auf die benachbarten Inseln.

Wir haben das Land, seine Aufteilung, seine Organisation nie in Frage gestellt. Jugoslawien gab es seit 1918 als »Königreich der Serben, Kroaten und Slowenen«. Davor gehörte Kroatien (und andere Teile Jugoslawiens) der Habsburger-Monarchie. Als Kind stellte ich mir die Monarchie als eine Art noch größeres, älteres Jugoslawien vor. Wir verstanden uns als Teil eines Landes, das groß, stark und bunt war. Sehr bunt.

Es gab die schicken Kroaten, die verrückten Serben, die langweiligen Slowenen, die lebenslustigen Bosnier, die exotischen Mazedonier, die großen Montenegriner, und die armen Kosovaren. Wir redeten fünf unterschiedliche Sprachen, übten vier verschiedene Religionen aus und hatten unzählige verschiedene Subkulturen. Tito leitete das Land mit seinem politischen Talent und Charisma. Es ging uns gut und wir glaubten an die Zukunft.

Ich kannte die anderen Republiken aus den Schulbüchern und von der Landkarte Jugoslawiens. Ab und zu sah ich am Sonntag ein, zwei Soldaten in ihren grünen samtigen Uniform durch Zagreb spazieren, im Kino oder in einer Bäckerei. Sie sprachen eine andere Sprache oder mit Akzent. Ich kannte nur wenige Serben, Bosnier und Slowenen aus dem Sommerurlaub, sie kamen gerne nach Dalmatien. Serben und Bosnier sprachen dieselbe Sprache, wenn auch mit einem lustigen Akzent. Meine Mutter traf bei ihren Filmprojekten Menschen aus anderen Republiken, weil es größeren Produktionen vorgeschrieben war, dass die Mitarbeiter aus allen Republiken kommen mussten. In Papas Architekturbüro war es anders: Fast alle seine Kollegen waren Kroaten.

Das Pionier-Leben war uns bald langweilig. Es gab nichts zu tun, insbesondere da Tito schon tot war. In der fünften Klasse passierte dann endlich ein Highlight – der Schulausflug nach Brijuni, Titos Insel(n) im Norden Kroatiens.

Tito besaß eine Insel. Kein anderer Staatschef nannte eine Insel sein Eigen. Brijuni ist nicht nur eine Insel, sondern besteht aus insgesamt 14 Inseln. Auf der Hauptinsel ließ er seine Sommerresidenz, die Weiße Villa errichten, rund um die Villa war ein Safaripark. Dutzende Staatchefs, die ihn im Verlauf seiner Regierungszeit besucht hatten, hatten Tito exotische Tiere als Geschenk mitgebracht. Es gab Elefanten, Zebras, Antilopen und Strauße auf der Insel. Weil Tito ein aufregender Mann in weißer Uniform, mit dicker Zigarre, einem Cadillac, einer 117 Meter langen Yacht und einem schönen Haus gewesen war, hatten ihn nicht nur Staatsoberhäupter besucht, sondern auch andere aufregende Menschen wie Elizabeth Taylor, Richard Burton, Sophia Loren, Carlo Ponti und Gina Lollobrigida.

Erinnerungswürdiger als der Besuch der Weißen Villa waren die Abende im Hotel. Wir besuchten uns gegenseitig in unseren Zimmern. Da wir die Zimmer nicht verlassen durften, kletterten wir schließlich über den Balkon. Guter, erfinderischer, mutiger Pioniergeist – wie es sich gehört. Als ich meiner Mutter davon erzählte, erlitt sie beinahe einen Herzinfarkt. Immerhin lagen die Zimmer im dritten Stock. Sie erklärte mir, was uns hätte passieren können und stellte schließlich die Lehrerinnen zur Rede. Ich konnte die Aufregung nicht ganz nachvollziehen: Pioniere sind eben mutig.

Kleines Glück

Das echte Leben fand außerhalb der Schulmauern statt, abseits des Pionierdaseins. Unsere größte Freude waren Rollerskates, die wir immer trugen, wenn wir nicht gerade in der Schule oder im Ballett waren (ich besuchte Ballett, Barbara trainierte Turmspringen). Obwohl wir im Zentrum Zagrebs lebten, war es für uns möglich, im Freien zu spielen und auf Rollerskates die Stadt zu erforschen. Zagreb war zu dieser Zeit eine ruhige Stadt mit 500.000 Einwohnern. Erst nach dem Krieg hat sich die Einwohnerzahl durch die Flüchtlinge aus Bosnien und aus anderen Teilen Kroatiens verdoppelt. Heute ist Zagreb ein Chaos, in dem zu viele Menschen versuchen, sich auf zu wenig Raum zurechtzufinden.

Irgendwann wurde der Zagreber Hauptplatz *Trg Republike*, der *Platz der Republik*, renoviert und in eine Fußgängerzone umgewandelt. Die riesige Fläche wurde mit glatten grauen Steinplatten asphaltiert. Der Platz wurde mit einem winzigen Brunnen und einigen kreisförmig angeordneten Straßenlaternen verziert. Viele waren empört, manche meinten, es sehe aus wie die Landebahn eines Flughafens. Barbara, die Skater und ich waren begeistert. Das war ein Übungsplatz für uns, nur wenige Minuten von meiner Wohnung entfernt. Bereits kurz nach der Renovierung des Platzes waren wir Rollerskate-Königinnen. Vorwärts, rückwärts, seitlich, Pirouetten, Sprünge – es konnte uns nicht gar artistisch genug sein.

Gut unterhalten hat uns auch *Gumi-Gumi*, ein zwei Meter langes Gummiband, dessen Enden verknotet wurden. (Zuerst war es nur in schlichtem Weiß erhältlich und wir bemalten es mit Filzstiften. Später gab es auch bunte Bänder zu kaufen.) Zwei Mädchen spannten das Band mit Hilfe ihrer Fußknöchel, eine oder mehrere sprangen in streng geregelten Choreografien darüber hinweg. Dabei sangen wir *Balerina rokoko dize noge visoko, Ballerina Rokoko hebt ihre Beine hoch, Olimpijada iz Novog Sada, Olympiade aus Novi Sad*, oder *Usa-usa-usa-sa*. Die schwierigsten Stufen waren *Mala Matura, Kleine Matura* (das Band auf Hüfthöhe) und die *Velika Matura, Große Matura* (das Band auf Schulterhöhe).

Barbie, die man im Ausland kaufen musste, entschied mit darüber, wer gleich und wer *gleicher* war. Ich war *gleicher*, da ich nicht nur eine Barbie, sondern zwei Barbies, einen Ken und sogar einen Barbie-Koffer hatte. Jeder im meinem Freundeskreis hatte mindestens eine Barbie. Ich teilte meine Barbies gerne. Barbie hatte ständig Sex mit Ken. Die zwei machten es zuhause, im Park, wenn wir auf Besuch waren. Kaum waren wir beieinander, inszenierten wir mit unseren Puppen jene Posen, bei denen wir unsere Eltern letztens erwischt hatten.

Noch aufregender als Barbie und ihr Sexleben waren aber Stifte, Radiergummis und Blöcke der Marke Hello Kitty oder Little Twin Stars. Diese Sachen waren so anders, so bunt und so speziell, dass wir mit jedem neuen Bleistift glücklichste Momente unserer Kindheit erlebten. Wir nannten sie *stvarcice*, kleine Sachen. Wir liebten sie, weil sie so rar und beinahe unerreichbar waren. Man konnte sie nur im Ausland kaufen. Außerdem waren sie für unsere Verhältnisse sehr teuer. Daher brauchte es nur einige wenige *stvarcice*, damit wir uns wie Königinnen fühlten.

Ausland nannten wir *vani*, draußen. Das war eigentlich nicht korrekt. Seit 1948 waren wir nirgendwo drinnen, also konnte es demnach auch kein Draußen geben. Die Grenzen waren offen, nur mit dem Reisepass ausgestattet konnte man visumfrei sowohl in den Westen als auch in den Osten reisen. Nur das Geld zum Reisen fehlte. Für die kurze Zeit während einer der größten Wirtschaftskrisen war es kompliziert: Um das Reisen und das Ausgeben der Devisen zu begrenzen, gab es »Depositen«. Jeder, der nach draußen reisen wollte, musste eine gewisse Summe einzahlen und bei der Ausreise den Zahlschein an der Grenze zeigen. Das Geld bekam man dann erst nach einiger Zeit zurück.

Wenn man es geschafft hatte, ein bisschen Geld auf die Seite zu legen, konnte man es auf dem Schwarzmarkt in D-Mark oder Schilling wechseln. Vor der Zagreber Bank am Trg Republike standen täglich Männer in grauen Windjacken und zischten leise »Devize!«, wenn man an ihnen vorbeiging. Nur mit den Devisen konnte man draußen shoppen gehen. Für die Zagreber waren Graz oder Triest Shopping-Paradiese, nur zwei Stunden Autofahrt entfernt. Ich war mit meinen Eltern nie in Graz oder Triest. Wenn sie schon nach draußen konnten, wollten meine Eltern die Welt sehen und fuhren mit Freunden in ihrem Skoda nach Paris, London oder München. Da wir nicht viel Geld hatten, waren diese Reisen ziemlich anstrengend und abenteuerlich.

Wenn meine Eltern allein verreisen wollten, blieb ich in der Zeit bei meiner Oma. Ich mochte es sehr, da ich sonst wenig Kontakt zu Oma hatte. Sie war Biologieprofessorin und noch berufstätig. Außerdem wohnten meine Tante und meine Cousins bei ihr und sie kümmerte sich um die ganze Familie – für mich hatte sie wenig Zeit. Aber vor allem mochte sie meine Mutter nicht. Die Beziehung der beiden entsprach dem Klischee der angespannten Schwiegermutter-Schwiegertochter-Beziehung weitgehend. Oma war eine sehr korrekte Frau – Professorin und brave Hausfrau. Meine Mutter war ein Star, der sich vor Kameras auszog, eine Künstlerin, ein starkes Individuum. Haushalt und Familie standen bei ihr nicht unbedingt an erster Stelle. Zwei komplett unterschiedliche Welten trafen hier aufeinander.

Einmal begleitete ich meine Eltern nach München, da wir die Reise mit einem Skiurlaub in Österreich verbinden wollten. Dort lebten Freunde von uns, bei ihnen konnten wir kostenlos unterkommen. Wir besuchten das Oktoberfest. Die riesigen bunten und überfüllten Zelte, die Kellnerinnen in Dirndln, die durch die Zelte mit unglaublichen Mengen Bier vor ihrem Busen schwebten. Die lustige Musik. Die kitschigen Souvenirs. Dort sah ich zum ersten Mal im Leben ein Pony. Ich bettelte, bis mir meine Eltern eine Runde Ponyreiten schenkten. Die Krönung des Oktoberfest-Besuchs war, als meine Eltern und ihre Freunde auf den Tischen tanzten. Zu dem Zeitpunkt war ich schon erschöpft und wollte nur noch nachhause.

Einmal im Jahr fuhren wir nach Österreich zum Skifahren. Zagreber lieben das Skifahren und die, die gute Jobs oder eigene kleine Betriebe hatten, sparten Geld oder arbeiteten schwarz, um nach Österreich fahren zu können. Es waren sparsame Reisen. Wir reisten an jugoslawischen Feiertagen oder während unserer Schulferien, welche meist in der Nebensaison lagen. Wir fuhren zusammen mit Freunden und teilten uns einfache Appartements, in denen selbst gekocht werden musste. Es gab Familien, die für die volle Urlaubszeit Essen mitbrachten, um es nicht im Ausland teuer kaufen zu müssen. Für uns war selbst ein einfaches Mittagessen auf einer Hütte ein ziemlicher Luxus.

Papa war seit seiner Kindheit ein leidenschaftlicher Skifahrer, und Mama und ich mussten – ob wir wollten oder nicht – mitmachen. Diese Urlaube kosteten eine Menge unseres mühsam ersparten Geldes und mussten daher optimal ausgenutzt werden. Wir waren die Ersten auf dem Lift und die Letzten auf der Piste. Wir fuhren bei jedem Wetter. Nebel, Schnee, minus 20 Grad? *Nema problema!* Ich erinnere mich an schmerzhafte Stürze, an Schneetreiben, das sich im Gesicht wie Nadelstiche anfühlte, an meinen tauben Körper. Mama war manchmal wegen all dieser Strapazen wütend, ich traute mich nie zu rebellieren. Ich dachte, es gehört sich nicht. Schon mit drei stand ich auf kleinen roten Plastikski zwischen Papas Beinen eingeklemmt. Mit sieben gewann ich im Skiort Fügen meine erste goldene Medaille.

Die lange und mühsame Fahrt mit unserem roten Skoda lohnte sich immer. Österreich war ein Wunderland. Es war das Land der gezuckerten Berge, der Frittatensuppe. Das Land der Überraschungseier und der Mini-Kuhglocken, der riesigen Kellnerinnen, die allesamt Puppenkleider trugen. Diese Puppenkleider! Genau so eines hatte die winzige Frau in meinem kleinen Wetterhäuschen. Barbara hatte sogar eine Puppe, die solch ein Kleid trug. Es gab auch ein Foto meiner Oma, auf dem sie noch sehr jung ist und eines dieser Kleider trägt. Ich liebte diese Puppenkleider. Sie stammten für mich aus dem Märchenland, genau wie Tutus oder meine geliebten Prinzessinnenkleider (es dauerte Jahre, bis ich lernte, dass das schlicht Hochzeitskleider waren – meine Mutter hatte in Jeans geheiratet).

Als ich mit siebzehn Jahren nach Österreich übersiedelte, verstand ich erstmals, was diese Puppenkleider eigentlich waren. Mit 19 bekam ich dann endlich ein Dirndl und war überglücklich. Leider war mir schon beim ersten Blick in den Spiegel klar, dass aus mir nie eine echte österreichische Kellnerin in einem Skigebiet würde. Ich bin zu zierlich, und mein Busen ist definitiv zu klein. Immerhin war es schön zu wissen, dass einige Träume doch wahr werden – ein Tutu würde ich nie haben.

Von diesen Reisen nach draußen brachte man exakt ein Spielzeug, ein paar Mars-Riegel, einige Tafeln Milka und Hubba Bubba mit. Bei uns gab es keinen bunten Kaugummi. Bei uns waren Naschsachen allgemein nicht so bunt, süß und verführerisch, wie sie draußen waren. Es gab PEZ und weiß-rosa Kiki-Bonbons und braune Bronhi-Bonbons und *Životinjsko carstvo*, Das Reich der Tiere. Das waren winzige und sehr dünne Schokotäfelchen von Kraš, einer kroatischen Süßwarenfabrik. Sie waren in dunkelblaues Papier eingewickelt (die Farbe glich derer unserer Pionier-Kappen). Auf der Packung fand sich die Zeichnung von Zebras, Elefanten, Einhörnchen oder anderen Tieren. In jeder Tafel versteckte sich das Bild eines Tieres. Sie waren naturalistisch gezeichnet und wahnsinnig langweilig. Man konnte die Bilder sammeln und in ein speziell dafür gedachtes Album kleben. Ich aß die Schoko und warf den langweiligen Rest weg.

Von draußen kamen viele schöne Sachen. Ein wunderschönes voll eingerichtetes Puppenhaus, das mir Mama aus London mitbrachte. Es hatte winzige Lampen (die wirklich leuchteten), ein Bärenfell am Boden, ein Klavier und einen glosenden Kamin. Oder auch eine blonde Puppe, die transparente Spielplatten im Rücken hatte – wenn man diese tauschte, wechselte die Puppe zwischen dem gesungenen und dem gesprochenen Text. Diese Puppe mochte ich nicht. Sie war unheimlich, überhaupt nicht kuschelig. Ich liebte die Puppe, die Papa mir in Nassfeld gekauft hatte.

Ich weiß noch, wie wir direkt nach dem Skifahren das Spielzeuggeschäft aufsuchten. Ich war atemlos vor Aufregung, weil es bei uns solche Geschäfte nicht gab. Es war groß, die Regale waren vom Boden bis zur Decke mit buntem Spielzeug bedeckt. Barbie, Monchichi, riesige Lego-Schachteln, unzählige Puppen in schrillen Kleidern, weiche Kuscheltiere, Duplo. Unsere Geschäfte waren klein, grau und hatten nur wenige langweilige Dinge im Angebot. Papa sagte, dass ich ein Spielzeug wählen dürfe. Ich verliebte mich auf der Stelle in eine weiche bunte Stoffpuppe. Sie ist später mit meinem anderen Spielzeug verschwunden.

Dann gab es das unglaubliche Ereignis mit dem Cabbage Patch Kid. Einmal hatte ich von diesen Puppen gelesen und von ihnen geschwärmt, egal wie unerreichbar sie schienen. Eines Tages kam Papa von draußen zurück und brachte ein riesiges Paket mit. Ich werde nie den Moment vergessen, als ich das Paket öffnete und begriff, dass ich die ersehnte Puppe in Händen hielt. Sie war blond. Ich liebte sie trotzdem. Ich nannte sie Tea und unterschrieb die Adoptionsdokumente, die sich in ihrer Schachtel befanden. Auch sie verschwand im Krieg. Wir mussten den Keller räumen, damit wir uns während der Angriffe unten verstecken konnten. Meine Mama vergaß einen Korb mit meinem Spielzeug im Stiegenhaus. Er verschwand spurlos. Jahre später, ich war schon 30, fanden Papa und ich ein Geschäft, das immer noch diese Puppen verkaufte. Er kaufte mir eine neue Puppe, diesmal mit braunen Haaren und dunklen Augen. Ich taufte sie Lucrezia.

Unsere Lieblingsband war *Neki to vole vruce, Manche mögen`s heiß*. Es war die kroatische *Wham*. Im Winter 1984 gingen Barbara, Ognjen, Svebor und ich auf ihr Konzert. Es war nicht mein erstes Konzert – meine Eltern hatten mich schon oft auf Konzerte mitgenommen. Diesmal ging ich aber erstmalig ohne meine Eltern. Ognjen und Svebor waren Burschen aus unserer Klasse, beide blond, süß, gut erzogen und clever. Um die Konzerthalle zu erreichen, spazierten wir durch frischen Schnee, und plötzlich blieb Svebor stehen und schaute mich erstaunt an. »Ana, du schaust ja aus wie Schneewittchen!« Nie sollte mir jemand ein schöneres Kompliment machen. Svebor und ich »gingen zusammen«. Irgendwann später »ging« ich auch mit Ognjen. Mit ihm ging ich sogar noch weiter – wir haben während dem Eislaufen einmal Händchen gehalten.

Ognjen war der Enkelsohn vom damals amtierenden Präsidenten. Das Amt hieß offiziell »Vorsitzender des Präsidiums der SFRJ«. Der Lebensstil des Präsidenten war nicht luxuriös, er lebte in einer Wohnung in unserer unmittelbaren Nachbarschaft. Und wie es in Kroatien üblich war, wohnte die ganze Familie bei ihm. Somit fand Ognjens Geburtstagsfest in der Wohnung des Präsidenten statt. Daran war nichts Besonderes, es war einfach die Wohnung, in der die Familie vor und auch nach seiner Präsidentschaft wohnte. Nur das kleine Wachhäuschen vor dem Haus schien uns bemerkenswert. Man konnte sich dort wunderbar verstecken, selbst die diensthabenden Polizisten hatten Spaß dabei.

Bei einem von Ognjens Festen tanzte ich – mit ihm – meinen ersten langsamen Tanz. Wir tanzten zu Tina Turners *Private Dancer*. Ich trug Mamas übergroßen grünen Pullover als Kleid. Da ich Ogi schon so gut kannte, war ich nicht nervös, ich genoss es sehr. Nach dem Lied gratulierten wir uns gegenseitig zu unserem gut getanzten ersten langsamen Tanz wie zu einer bestandenen Prüfung.

Wir tanzten noch öfter bei diversen Geburtstagsfesten und auch auf Schulfeiern. Die Schulfeste waren nie sehr aufregend. Sie fanden im Turnsaal statt. Der Saal wurde ausgeräumt, die Wände entlang waren Sessel aufgereiht. Das Licht war gedämpft und jemand legte Musik auf. Auf einem dieser Feste tanzte ich mit Barbara zu meinem ersten

Madonna-Lied, ich glaube, es war *Holiday*. Die älteren coolen Burschen hatten ihren eigenen Kassettenspieler mit und tanzten im Gang vor dem Saal Breakdance. Ihre Freunde schauten zu. Sie waren für uns unerreichbar und wir konzentrierten uns schließlich auf die Jungen unseres Jahrgangs.

Meine Eltern versuchten schon früh, mich zu fördern und meine gut versteckten Talente zu entdecken. Es funktionierte nicht. Ich hasste alles Aufgezwungene, alles, was mich von den Eltern oder meinen Freunden entfernte. Aber sie waren unbeirrbar und zwangen mich in einen Kurs für rhythmische Gymnastik. Dort war ich ein einziges Mal. In die Musikschule. Dort war ich kaum öfter. In die Englischschule. Wieder nichts. Dank meiner Besessenheit für weißen Tüll und Svebor, den blonden Solotänzer an der Zagreber Oper, ging ich zumindest fleißig in die Ballettschule.

Pas de Deux

Ich heiße Ana, so wie Anna Pawlowna, die berühmteste Ballerina aller Zeiten. Ballett war für Mädchen aus *gleicheren* Familien ein absolutes Muss. Meine Mutter war in der Ballettschule, schon ihre Mutter war dort gewesen. Ich hatte keine Wahl. Außerdem besuchte sie mit mir von klein auf so viele Ballettvorstellungen in der Oper, dass ich mich in den Zauber (und Svebor) einfach verlieben musste.

Es gab in Zagreb nur eine Ballettschule, jene der Staatsoper. Der Besuch war kostenlos, so wie für Burschen das Training von Hockey, Basketball oder Schwimmen kostenlos war. Da die Ballettschule kostenlos war, musste man eine Aufnahmeprüfung bestehen: Der Staat wollte kein Geld für hoffnungslose Pawlownas verschwenden.

Am Tag der Aufnahmeprüfung verspätete sich meine Mutter wie üblich um Stunden. Sie musste mir unbedingt noch in letzter Minute ein Trikot kaufen. Ein Anruf in der Ballettschule stellte klar: Die Prüfung war längst vorbei. Einmal mehr rettete nur die Bekanntheit meiner Mutter die Situation, ich erhielt umgehend einen Termin für eine »Privatprüfung«. Allerdings musste es schnell gehen, die Prüfung wurde noch für denselben Tag angesetzt. Die Schule lag in der Altstadt von Zagreb. Die Altstadt war auf einem Hügel angelegt, zu ihr führte die längste Treppe, die ich bis dahin gesehen hatte. Mama zog mich die Stufen mehr hinauf, als dass ich sie ging. Ich weinte und bettelte, sie möge mich bitte nicht zu dieser Prüfung zwingen. Ich heulte lauter und lauter. Aus dem Nichts schlug sie mir ins Gesicht. Das war das erste und einzige Mal, dass meine Mutter ihre Hand gegen mich erhob. Ich verstummte und zwang jedes Schluchzen meine

Kehle hinab. Bis zum Beginn der Prüfung sprach ich kein Wort mehr.

Endlich erreichten wir die Ballettschule, es war schon dunkel, die Lehrerinnen waren entnervt. Sie schickten mich zuerst in die Garderobe, dann in den Saal 3. Ich zog mein neues Trikot an, es war von YASSA, der jugoslawischen Sportmarke und war seitlich mit weißen Sternen bestickt. Es passte perfekt und ich ging in den Saal. Der Saal war leer und nur spärlich beleuchtet. In der Mitte des Saals sprang und drehte sich – Svebor, Solo-Tänzer der Zagreber Oper. Er hatte blonde Locken und blaue Augen und trug babyblaue Strumpfhosen. Und genau dieser Mann, mein Prinz, der männliche Schwan, tanzender Luke Skywalker, landete aus seinem *Brisé* direkt vor mir und sagte »Bok!«, hallo. Er war echt. Er stand vor mir – und er würde während meiner Prüfung dabei sein. Noch während ich fieberhaft überlegte, mich umzudrehen und davonzulaufen, betraten die Lehrerinnen den Saal. Die Prüfung begann. Svebor blieb im hinteren Teil des Saals und kümmerte sich nicht weiter um mich. Ich wurde an der Schule aufgenommen. Svebor sah ich nie wieder.

Der Ballettunterricht war genauso trocken wie der Unterricht in der Schule, die Atmosphäre war aber romantischer. Die Ballettschule war in einem Altbau, aus dem man über ganz Zagreb blicken konnte. Von meinem Platz am Fenster schaute ich direkt auf einen Magnolienbaum, der im Frühling mit atemberaubenden rosa Blüten bedeckt war. Das war auch das einzige Rosa der Ballettschule. So wie es sich für die russische Balletttechnik gehörte, machte ich jeden Tag hunderte *Pliés* und *Tendus* und *Grands Battements* und versuchte zu verstehen, was dieser schmerzhafte Drill mit dem *Pas de deux* mit Svebor zu tun haben sollte. Der rosa

Traum vom Ballett war bald farblos geworden – wir mussten schwarze Trikots und weiße Strumpfhosen tragen. Anders als bei meiner Schuluniform konnte ich hier nicht schummeln. Meine Eltern versuchten es trotzdem einmal. Sie brachten mir aus Wien ein schwarzes Trikot mit einem Mini-Tutu mit, dazu rosafarbene Strumpfhosen. Ich trug diese Sachen ein einziges Mal. Die Lehrerin rief gleich nach der Stunde meine Mama an. Sie erklärte, dass man unter dem Tutu meine Hüften nicht sehen könnte, darum schnell zurück in die schwarz-weiße Uniform.

Die Ballettschule schaffte es zügig, meine romantischen Vorstellungen vom Tanzen zu begraben. Ich besuchte sie zwar weiter fleißig, weil es alle machten und es sich gehörte. Es schlummerte noch die Hoffnung in mir, dass sich der Zauber irgendwo in diesem schäbigen grauen Haus versteckt hatte. Den Zauber fand ich schließlich im Kino, als ich mit meiner Tante *Flashdance* sah. Endlich eine Alternative zum Weißen Schwan. Ich wollte auch zu lustiger Musik tanzen, wenn auch nicht in einer Stripbar. Die Musik aus *Flashdance* fand sich auf meiner ersten Musikkassette.

Ich begann, die Ballettschule zu schwänzen. Ich packte zwar meine Balletttasche, ging dann aber in den Park oder zu Freunden. Die Atmosphäre zuhause war eisig. Meinen Eltern ging es zusammen nicht gut. Sie stritten oft und heftig. Ich hatte Angst von diesen Ausbrüchen. Sie waren furchterregend. Meine Mutter weinte viel, ich sorgte mich um sie. Papa war wenig zuhause. Es tat mir weh, meine Eltern so verletzt zu sehen. Ich fürchtete manchmal, dass sie mich beide verlassen würden, um diesem Zuhause zu entkommen. Ich machte mich so gut als möglich unsichtbar und wartete, dass es vorbeiging, das Unwetter. Ich dachte, so was wäre normal, man müsse lernen damit zu leben.

Als meine Eltern herausfanden, dass ich den Ballettunterricht schwänzte, passierte nichts. Generell verlief meine Erziehung konfliktfrei, fast geräuschlos. Einerseits weil ich nie Probleme machte, anderseits weil meine Eltern ihre Konflikte nie über mich austrugen. Sie respektierten sich gegenseitig, so wie sie mich respektierten und beiden war es ein Anliegen, dass ich zu meinen Eltern eine gute Beziehung hatte.

Ich glaube, zu dem Zeitpunkt waren meine Ballettstunden Papa sowieso egal. Seine Ehe scheiterte gerade. Mama redete kurz mit mir, schickte mich wiederholt in den Kurs und hoffte, dass ich doch weitermachen würde. Tat ich aber nicht.

Irgendwann sagten mir meine Schulfreundinnen, dass sie in einem Privatstudio mit Jazz Dance anfangen würden. Ich hatte zwar keine Ahnung, was ich mir unter Jazz Dance vorstellen sollte, ging aber aus Neugierde mit. Das war es! Das war der Spaß und die Leichtigkeit aus *Flashdance*. Ich verliebte mich auf der Stelle neu ins Tanzen. Meine Freundinnen schmissen den Kurs bald wieder.

Ich tanze heute noch.

Das Filmleben

Als ich geboren wurde, war meine Mama bereits ein Filmstar. Ihr Film Kuča, Das Haus, hatte gerade Premiere und sie nahm mich zur Pressekonferenz mit. Ich war erst zwei Monate alt und in den Zeitungen war zu lesen: »Jagoda Kaloper kam zur Pressekonferenz mit ihrem zwei Monate alten Sohn«. Ich hatte meinen ersten öffentlichen Auftritt als Mann. Vielleicht ist das der Grund, warum ich heutzutage so viele Wörter auf das Recht, eine gleichberechtigte Frau zu sein, verwende.

Mama war zufällig entdeckt worden. Sie hatte im Theater eine Vorstellung besucht, als sie ein Regisseur ansprach und zum Vorsprechen für den nächsten Tag einlud. Sie erhielt die Rolle und kurz darauf folgte schon das nächste Rollenangebot. Sie war talentiert und gewann alle Preise und Auszeichnungen, die zu dieser Zeit in Jugoslawien verliehen wurden. Während sie Filme drehte, studierte sie Grafik an der Akademie der Bildenden Künste. Als sie ihr Diplom erhielt, schmückte sie damit die Wand unserer Toilette.

Tito liebte Filme. Schon 1944 gründete er bei der Stabstelle der Partisanenbewegung eine eigene Filmsektion. Kurz nach dem Krieg musste sich jede kreative Aktivität noch an sowjetischen Vorbildern orientieren. Der frühe jugoslawische Film war stark vom sozialistischen Realismus geprägt. Es wurden langweilige Dokumentarfilme in Schwarzweiß gedreht, die den Sieg des Partisanenkampfs feierten und die Hoffnung auf eine schöne kommunistische Zukunft machen sollten. Filme, die niemand freiwillig sehen wollte. Nach 1948, als sich Jugoslawien von russischem Einfluss befreit hatte, entwickelten sich im jugoslawischer Film unterschiedliche Strömungen.

In den sechziger Jahren gab es zugleich die »Rote Welle« und die »Schwarze Welle«. Zur »Roten Welle« zählten teure Partisanenspektakel wie *Sutjeska, Kozara Bitka na Neretvi, Die Schlacht an der Neretva*, die Millionen Dollar kosteten und in denen weltberühmte Stars wie Richard Burton in der Rolle des Tito spielten. Für uns waren das schlicht unterhaltsame Actionfilme. Wir lernten durch sie, wie uns Tito vom Bösen befreit hatte und wie wir Nächstenliebe, Freiheit, Gleichheit und Brüderlichkeit leben sollten.

Die Filme der »Schwarzen Welle« waren im Gegensatz zur »Roten Welle« gesellschaftskritisch. Es herrschte die Selbstzensur, konstruktive Kritik war in Maßen erlaubt, man nannte das »Faire Kritik«. Tito erlaubte nicht, alles zu sagen, was man sagen wollte – speziell nicht, sein System in Frage zu stellen. Einige der gesellschaftskritischen Filme waren aus diesem Grund verboten. Auch einer von den Filmen meiner Mutter wurde »gebunkert« (so dramatisch nannte man es damals) – Dušan Makavejevs *W.R. – Das Mysterium des Organismus*, in dem sie 1971 mitspielte. Der Film wurde weltweit als Paradebeispiel des experimentellen Films Jugoslawiens gefeiert. Nachdem *W.R.* verboten worden war, hatte Makavejev mit seinen weiteren Arbeiten Probleme und verließ bald das Land. Mama spielte weiter. Nur nicht mehr so nackt.

In der Schule machte das Gerücht die Runde, meine Mama würde Pornos drehen. Es ist nicht angenehm, mit solchen Gerüchten konfrontiert zu werden, insbesondere wenn man nicht weiß, worum es eigentlich geht. Ich wusste nur, dass Pornofilme nicht gut sein konnten. Aber ich vertraute meine Mutter – egal, was sie machte, es konnte nichts Schlechtes daran sein – und hörte tapfer weg, wenn Kinder darüber flüsterten.

Eigentlich verhielt es sich mit Mama genau umgekehrt: Sie kämpfte für Frauenrechte. Ihre Filme waren immer gesellschaftskritisch und zeigten Frauen in unterschiedlichen Rollen. Oft porträtierte sie starke, emanzipierte Frauen, die sich ihre Position hart erkämpfen mussten. Es waren Ingenieurinnen, Pharmazeutinnen, Professorinnen.

Die Serben drehten schwarze Komödien, die brutal und offen den Alltag der einfachen Menschen und ihre nationale Mentalität thematisierten. Die Kroaten nahmen sich ernster und drehten Autorenfilme über junge urbane Menschen und ihre komplexe Beziehungen. Aus dem *Jadranfilm*, dem Filmhaus in Zagreb, entwickelte sich ein ganzer Industriezweig. Das Haus war so gut ausgestattet, dass es genug Technologie und hoch qualifizierte Mitarbeiter für drei parallel arbeitende Crews großer Produktionen gab. Es kamen unzählige ausländische Filmproduktionen nach Zagreb. »Filmstatist« entwickelte sich bald unter Studenten und Pensionisten zu einem gern gewählten Nebenberuf. Auf einem Markt in Zentrum Zagrebs »kauften« ausländische Produzenten hunderte von Statisten. Orson Welles, Alan Pakula, Volker Schlöndorff, Peter Ustinov drehten hier. Filmsets gehörten zum Zagreber Stadtbild.

Die Republiken hatten viele Freiheiten, auch bei ihren Kunst- und Filmprojekten. Die Finanzierung der Filme war eine Mischung aus Subvention und Markterfolg: Die Einnahmen aus allen Filmen, inklusive ausländischen, gingen in einen Fonds ein, aus dem wiederum die Filme ihre Gelder im Nachhinein, abhängig von ihrem Erfolg an der Kinokassa, erhielten. Die Qualitätssicherung war strikt. Wer einen schlechten Film produzierte, der bei Kritikern und Publikum durchfiel, wurde aus der »Vereinigung der Filmarbeiter«

ausgeschlossen und verlor seine Lizenz zum Drehen. Bei Dilettantismus hatte Tito keine Geduld.

Ich besuchte Mama oft am Filmset. Und obwohl ich wusste, was Realität und was Fiktion war, gab es Momente, in denen ich die Unterscheidung vergaß. Einmal drehte meine Mutter in einem alten, heruntergekommenen Spital. Als ich kam, trug sie ein langes altes Nachthemd aus pastellfarbenem Frottee, darüber nur einen Bademantel. Ich war so schockiert, sie so blass und arm in einem Spital zu sehen, dass ich in Tränen ausbrach. Genauso irritierend war es, Mama auf der großen Leinwand bei Liebesszenen zu sehen. Ich wusste, dass sie nicht echt waren, wollte aber trotzdem, dass sie bald aufhörten.

Ich träumte nie davon, Schauspielerin zu werden. Meine ganze Kindheit lang zwickten mich Erwachsene in meine runden Wangen und sagten: »Jagodas Tochter, bist du süß! Wirst du eines Tages auch Schauspielerin wie deine Mutter?« Ich habe diese Frage verabscheut, wahrscheinlich weil sie mir so oft gestellt wurde. Sollte es doch den unbewussten Wunsch, Schauspielerin zu werden, gegeben haben, erstickte ihn diese zu oft gestellte Frage im Keim. Nein, ich wollte nicht Schauspielerin werden! Ich wollte eine Prinzessin oder eine Ballerina werden. Geschauspielert habe ich aber doch, zumindest manchmal.

Einmal habe ich Mamas Tochter gespielt. Ich kam in die Wohnung, in der wir drehten und ging in »mein« Zimmer. Und da war es, das größte Barbie-Haus, das ich je gesehen hatte. Während der für Filmdrehs üblichen langen Wartezeiten konnte ich stundenlang damit spielen. Diese Rolle liebte ich.

Bei einem anderen Film spielte ich ihr junges Ich. Dieser Dreh war aufregend, weil er außerhalb von Zagreb stattfand, wo die Naturkulisse atemberaubend schön war. Zur Location fuhren wir mit einem weißen Kombi. An einer Tankstelle kaufte mir Mama meinen ersten weißen Stoffhasen. Sie hörte nie auf damit, mir weiße Hasen zu schenken. Sie will auf diese Weise sicherstellen, dass ich im Wunderland bleibe. Am Filmset wartete ein weiterer Kombi. Als ich fragte, was darin sei, antwortete jemand: »Deine Kleider.« Ich öffnete die Tür des Kombis und sah dutzende hellblaue karierte Kleider mit weißen Kragen. Wir drehten eine Szene unter einem Kirschbaum, in der ich aus einem großen Krug dickflüssigen Kirschensaft trinken musste, der mir das Kinn hinunter- und das Kleid entlanglief. Nach der zehnten Wiederholung mochte ich die Kleider und den Saft nicht mehr sehen.

Dann gab es die Szene, in der ich neben einem alten Dampfzug, in dem meine Film-Familie saß, Blumen pflückte. Der Zug fuhr los und ich musste ihm hinterherlaufen und sollte dabei laut weinen. Es war physisch und psychisch sehr anstrengend – irgendwann glaubte ich wirklich, dass meine ganze Familie in dem Zug wäre und dass ich allein zurückbleiben würde. Warum bei der zwanzigsten Wiederholung niemand aus der Crew merkte, dass ich nicht mehr am bisherigen Platz, sondern einen halben Meter versetzt unter einem hölzernen Geländer die Blumen pflückte, weiß ich nicht. Als ich mich aufrichtete, um dem Zug hinterherzulaufen, prallte ich mit dem Kopf gegen das Geländer.

Es war so schmerzhaft, dass es die Crew nicht mehr schaffte, mich zum Weitermachen zu überreden. Ich hörte nicht auf zu weinen. Um mich zu beruhigen, trug mich Mama durch eine mit roten Mohnblüten bedeckte Wiese. Es war ein Moment für die Ewigkeit. Irgendwo gibt es davon sogar ein Foto. Sie versuchte es noch einmal: »Wir werden ein neues Mädchen finden müssen, sie wird all diese Szenen wiederholen müssen. Und sie wird statt dir deine Mama spielen.« Es war mir egal. Ich war erschöpft und verletzt. Ich wollte einfach nicht mehr. Mama war nicht böse, sie war nie mit mir böse. Sie tröstete mich, redete mit mir und versuchte, mir die Situation zu erklären. Als sie merkte, dass ich wirklich nicht weitermachen wollte, respektierte sie meine Entscheidung.

Heute schäme mich für diese egoistische Dickköpfigkeit. Es war nicht richtig, die Crew im Stich zu lassen. Und es ist schade, dass nach all dieser Arbeit in diesem Film jemand anderer als die junge Version meiner Mama zu sehen ist.

Mama versuchte nur noch einmal, mich vor die Kamera zu bringen. Es gab ein Casting für eine Fernsehserie. Nicht irgendeine Fernsehserie - es war die Verfilmung meines Lieblingsbuchs von Ivo Kušan, *Lažeš Melita, Melita, du lügst*. Weil Melita blond war, bewarb ich mich um die Rolle von Verica, ihrer besten Freundin. Ich kriegte die Rolle nicht. Ich war ein bisschen enttäuscht. Es wäre lustig gewesen, eine Rolle aus meinem Lieblingsbuch zu spielen – auch wenn ich nicht unbedingt schauspielern wollte.

Praktisch am Schauspielern war, dass ich sehr früh mein eigenes Geld verdiente. Damals wurden alle bezahlt und zwar nach klaren Vorgaben. Für die gleiche Arbeit kriegte jeder das gleiche Gehalt. Niemand verdiente mehr als die anderen. Es gab den Spruch: »Sie können mir gar nicht so wenig zahlen, wie wenig ich arbeiten kann.« Man schätzte diese Sicherheit. Wer faul war, konnte auch faul sein. Trotzdem strebten viele Menschen nach Exzellenz. Wenn sie taten, was sie gerne taten, taten sie ihr Bestes. Aus Liebe zur Arbeit, zu sich selbst, zur Gesellschaft. Die Tatsache, dass in Jugoslawien viele Menschen ohne Hoffnung auf materielle Bestätigung

Großes leisteten, zeigt, dass Gier ein den Menschen aufgezwungenes Konstrukt ist. Menschen brauchen Sicherheit, keinen Überfluss. Eine Gesellschaft kann auch ohne Luxus funktionieren.

Von meinem ersten Gehalt kaufte ich mir ein Fahrrad. Es war ein orangefarbenes *Pony* (»made in Yugoslavia«) mit Stützrädern. Die Stützen brauchte ich nur für kurze Zeit. Papa nahm zuerst eines herunter, bald darauf das zweite Rad. Er übte sehr viel mit mir auf dem leerem Parkplatz gegenüber von unserem Haus. Irgendwann drehte ich mich um und merkte, dass Papa ganz weit weg stand und ich alleine fuhr. Auf die feine Mischung aus Stolz und Angst, die ich in dem Moment verspürte, bin ich für immer süchtig geworden.

Papa arbeitete in einem großen Büro, er war auf die Planung von Kindergärten und Schulen spezialisiert. Er arbeitete viel und war sehr geschätzt. Er arbeitete auch als Assistent an der Universität für Architektur. An vielen Abenden oder während der Wochenenden plante er – inoffiziell – Familienhäuser. Er nahm mich oft zu Baustellen mit. Der Unterschied zu Filmsets hätte größer nicht sein können. Wir redeten mit freundlichen Bauarbeitern in schmutziger blauer Montur, bewunderten rohe Betonblöcke, hüpften im Matsch oder balancierten auf Brettern.

Meine Eltern waren ein hippes Paar in der Zeit, als in Jugoslawien viele hippe Projekte entstanden sind. Es waren die frühen Achtziger und Tito war bereits tot. Es herrschte ein Gefühl von Freiheit und Neubeginn. Junge Filmemacher drehten gute Filme. Eine neue Generation von Rockmusikern wie *Azra*, *Prljavo Kazalište*, *Idoli*, inspiriert vom britischen Punk, machten, was viele »den spannendsten Rock östlich von London« nannten. Es gab intellektuelle Zeitungen und Zeitschriften, interessante Theaterstücke, begabte

Maler. Man kritisierte, aber vorsichtig. Es herrschte noch die Selbstzensur. Wir hatten das Gefühl, dass das Zentrum der Welt genau dort war, wo wir selber waren. Man wollte kreieren, verändern, gestalten.

Die Zagreber Szene war klein, sie füllte nur drei Lokale im Zentrum: *Zvečka*, *Kavkaz* und *Blato*. Ältere und dickliche, blau uniformierte Kellnerinnen in *Borosanas* (dunkelblaue knöchelhohe orthopädische Schuhe von Borovo aus Vukovar, mit offenen Zehen und einem Keilabsatz) servierten unzählige *Travas*, Kräuterschnäpse, und *Lozas*, Traubenschnäpse. Die Szene stand draußen vor den Lokalen, trank, wenn sie Geld hatte, trank nicht, wenn sie keins hatte. Jeder kannte jeden. Es ging darum, dabei zu sein, eine Spur zu hinterlassen.

Da wir im Stadtzentrum wohnten, hatten wir ständig unerwarteten Besuch: Man ging vorbei, klingelte und kam hinauf auf »einen Drink«. Es kamen Schauspieler, konzeptionelle Künstler, Journalisten, Schriftsteller, Rocker, Fotografen. Eine bunte, kreative und sehr lustige Truppe. Papa erzählt gern, wie der Frontmann von *Azra*, einer legendären Zagreber Band, mit den eben gemachten Aufnahmen von ihrem später bekanntesten Album aus dem Studio direkt zu uns spazierte und sie uns exklusiv vorspielte.

Abend für Abend tröpfelten Menschen langsam in unsere Wohnung, es begann immer leise und bedächtig. Es gab Kleinigkeiten zu essen und Bier, Wein oder *Trava*. Mit der Zeit wurde viel geraucht, die Musik wurde lauter und die Gespräche lebendiger. Man diskutierte über Politik, beschwerte sich, kritisierte. Aber niemand stellte Titos System in Frage. Wenn Feministinnen dazukamen, gab es laute Diskussionen über die Rolle der Frauen und der Männer in der Gesellschaft. Frauen, die schon bei den Partisanen einen gleichbedeutenden Platz wie die Männer hatten, waren in Titos Jugoslawien gleichberechtigt. Sie hatten Arbeitsplätze, gleiche Gehälter, Kinderbetreuung, Ganztagsschulen. Nach heftigem Debattieren wurde die Stimmung wieder fröhlich, es wurde getanzt, man posierte für witzige Fotos. Leider war ich meist das einzige Kind im Raum. Irgendjemand spielte immer mit mir. Falls nicht, ging ich in mein Zimmer und beschäftigte mich still.

Meine Eltern liebten ihre Freunde. Sie liebten auch ihre Drinks, ein, zwei, oder mehr. Leider bedeuteten die Drinks, dass die Streitereien explosiver und brutaler wurden.

An einem Sonntag zog Papa aus. Er nahm einige Koffer und Kartons und zog zu einem Freund. Ich weiß nicht mehr, was sie mir sagten. Irgendwas von Testphase, Trennung auf Probe vielleicht. Ich konnte es verstehen – das Streiten war unerträglich geworden. Trotzdem war es unbeschreiblich schmerzhaft, Papa gehen zu sehen. Mama und ich verabschiedeten ihn und begleiteten ihn auf die Straße. Als wir zurück in die Wohnung kamen, fehlte er bereits. Ein Teil unseres Lebens fehlte. Es trat eine lange und gespenstische Ruhe ein.

Papa und ich telefonierten viel, ich besuchte ihn oft in seinem neuen Zuhause. Meine Eltern trennten sich im Guten und konnten weiterhin miteinander reden. Ich war glücklich, Papa in meinem Leben behalten zu können.

Nur zufällig wurde kurz darauf bei einem Lungenröntgen meine Skoliose entdeckt. Das Röntgen zeigte meine Wirbelsäule, die ein S formte – als ob sie jeden Moment in sich zusammenstürzen wollte.

Ich verstand nicht, was das bedeutete. Bald sollte ich es verstehen.

Von Geistern und Hexen

Den ganzen Sommer waren wir *na moru*, am Meer. Die Schule endete Mitte Juni und fing erst wieder im September an – es waren zweieinhalb Monate vollkommener Freiheit. Im September fanden wir uns wieder in den Schulklassen ein, braun wie Schuhsohlen, wild, unkonzentriert und sprudelnd vor Energie.

Die Ferien verbrachte Tito in seiner Sommerresidenz auf Brijuni und wir bei unseren Omas, Opas, Tanten, Familien und Freunden. Wir hatten zwar keine Weiße Villa und nur streunende Katzen statt exotischer Tiere, aber die Sommer waren die besten Zeiten unserer Kindheit. Für diejenigen, die nicht in der Familie unterkamen, bauten die Gewerkschaften Ferienheime, in denen man günstig oder umsonst urlauben konnte. Es gab auch spezielle Ferienheime für Kinder und sogar eine ganze Insel, *Obonjan, Die Insel der Jugend*, die Kindern und Jugendlichen aus allen jugoslawischen Republiken zur Verfügung stand.

Im Sommer wurden in ganz Jugoslawien freiwillige Arbeitsbrigaden zusammengetrommelt. Auf unserer Insel bauten die Inselbewohner und ihre Gäste die Infrastruktur selbst auf. Ich kann mich an die Einführung der Wasserleitung und an die Asphaltierung der Straßen erinnern. Die ganze Insel arbeitete zusammen.

Für Kinder wie mich, für die *more* im Süden lag, war die Reise elendslang. Die einzigen Autobahnen Jugoslawiens verbanden nur die Hauptstädte der einzelnen Republiken miteinander. Da Mama damals kein Führerschein hatte, mussten wir mit der Bahn fahren. Die alte, laute, stinkende und wenig romantische Bahn fuhr über Bosnien nach Dalmatien.

Bosnien war eine andere Welt. Die Zugfahrt glich einer Reise durch ein orientalisches Märchen. 1001 Nacht am Weg zum Meer. Wir fuhren durch kleine Dörfer entlang eines wunderschönen türkisfarbenen Flusses. Die Häuser waren aus dunklem Holz gezimmert und waren völlig anders gestaltet als unsere Häuser in Zagreb oder Dalmatien. Vor den Häusern standen Frauen in glänzenden Pumphosen und mit Kopftüchern in den buntesten Farben. Es war so unwirklich, als glitte unser Zug mit uns durch eine Filmkulisse.

Mein Brijuni heißt Zlarin, das ist eine winzige Insel im Süden Kroatiens. Die Familie meiner Mutter stammt von dort. Auf der Insel finden sich nur ein paar hundert Häuser. Die Straßen im alten mediterranen Dorf sind so eng, dass der Platz für Autos nicht ausreicht – daher gibt es auf Zlarin auch keine. Man erreicht die Insel mit einem Boot, das in den fünfziger Jahren gebaut wurde. Das Boot war weiß-grün gestrichen und mit viel Holz und Liebe versehen. Wir fuhren so häufig mit diesem Boot, unserem Symbol der Freiheit (für mindestens zweieinhalb Monate), dass wir jeden Millimeter dieses lauten Giganten kennen und lieben lernten. Dieses Boot gibt es heute noch und es hat sich in all den Jahren kaum verändert. Nach dem Zerfall Jugoslawiens wurde der riesige rote Stern, der den Rauchfang geschmückt hatte, durch ein scheußliches blaues Firmenlogo der Jadrolinija ersetzt. Früher hieß das Boot Ohrid (nach einer Stadt in Mazedonien) und jetzt Tijat (nach einer der benachbarten Inseln). Neulich gab es Gerüchte, dass es durch moderne Schnellboote ersetzt werden könnte. Für die Insulaner wäre diese Veränderung kaum zu ertragen.

Da unser altes Familienhaus ziemlich geräumig ist, hatten wir auch hier, genau wie in Zagreb, ständig Gäste, nur blieben diese Gäste länger. Oft kamen Freunde meiner Eltern mit ihren Kindern. Wie in Zagreb waren meine Eltern gerne unterwegs. Als ich ungefähr fünf Jahre alt war, besuchte uns eine gute Freundin meiner Mutter gemeinsam mit ihrer Tochter.

Eines Nachts wachten wir Mädchen auf und merkten, dass irgendetwas nicht stimmte. Unsere Mütter waren weg. Wir liefen durch das riesige, dunkle, leere Haus und suchten panisch unsere Mütter. Mit jeder Sekunde wurde die Angst vor dem alten Haus und dem Alleinsein größer. Wir wollten unbedingt hinaus, unsere Mamas finden. Wir versuchten zuerst die alte Tür aufzusperren, sie klemmte aber. Der einzige Weg ins Freie führte durch das Fenster im ersten Stock. Meine Freundin wurde hysterisch, fing an zu schreien, weinte und zitterte. Sie lief panisch durch die Zimmer. Ich hatte mittlerweile mehr Angst vor ihr als vor dem dunklen Haus. Ich machte mir Sorgen um sie. Sie entschied sich in ihrer Panik schließlich aus dem Fenster und auf die Straße zu springen. Aus irgendeinem Grund dachte ich, dass es nur höflich wäre, wenn ich diese Aufgabe übernehmen würde. Ich war jünger und außerdem die Gastgeberin. Ich kletterte auf das Fensterbrett und sprang. Das Fenster war auf der Höhe des ersten Stocks, allerdings waren die Stockwerke in diesem alten Haus sehr hoch. Der Aufprall auf dem Asphalt war hart. Ich konnte mich nicht mehr rühren, lag bewegungslos und völlig still auf der Betonstraße.

Unsere Straße war in der Nacht sonst menschenleer, an dem Tag hatte ich Glück: Zwei Männer kamen die Straße entlang, beide kannten meine Mutter. Einer blieb bei mir, der andere lief ins Restaurant. Ich kann mich an eine unglaubliche Ruhe erinnern. Ich sprach nicht, lag still da und betrachtete den Sternenhimmel über mir. Ich dachte, ich wäre gestorben und wäre nur noch ein Geist. Meine Freundin stand oben am Fenster und weinte.

Damals, zu Titos Zeiten, gab es auf der Insel einen Arzt und ein schnelles Rettungsboot. Heute existieren beide nicht mehr – wenn etwas passiert, ist man auf sich gestellt. Mama, der Arzt und noch viele andere Menschen kamen voll Panik angelaufen und brachten mich mit dem Rettungsboot nach Šibenik ins Spital. Der diensthabende Arzt untersuchte mich und fertigte Röntgenaufnahmen an. Er hieß Dr. Duhović, »Dr. Geist«, stammte ebenfalls aus Zlarin und hatte gemeinsam mit meinem Opa Medizin studiert. Ich hatte mir nichts gebrochen, war völlig unverletzt. Dr. Geist sagte: »Das ist unmöglich. Hier waren höhere Kräfte im Spiel. Geister müssen sie aufgefangen haben.« Er erklärte meiner Mutter, dass die komplette Lähmung meines Körpers vom Schock käme und schickte uns zurück auf die Insel.

Die nächsten Tage lag ich im Bett und bekam laufend Besuch. Meine Mutter lieh sich einen Kinderwagen, in dem sie mich über die Insel schob. Mir war das sehr peinlich. Irgendwann konnte ich wieder gehen, zog mein rechtes Bein allerdings noch einige Monate lang nach. Das ging auch vorbei und ich wurde wieder völlig gesund. Die Bewohner der Insel erzählen sich noch heute von diesem Fenstersturz und von den Geistern, die mich gerettet haben.

Die alten Inselbewohner erzählten gerne Geschichten von Geistern, Magie, fliegenden Menschen, Monstern oder der Wiederbelebung von Toten. Geschichten, wie Márquez sie erzählt. Oft hörte ich, dass meine Urgroßmutter eine Hexe gewesen war. Ich wusste nie, was ich mit dieser Information anfangen sollte. Ein alter Fischer, der sich selbst das Malen beigebracht hatte, malte hunderte Bilder von diesen Legenden. Seine Bilder sind über viele der alten Häuser auf der Insel verstreut und erinnern mich stets an unsere magischen Wurzeln.

Auf der Insel hatten wir Freunde, die wir nur im Sommer trafen. Später verwandelten sich manche dieser Insel-Freundschaften in alltägliche Freundschaften und wir trafen einander auch in Zagreb. Die Grundlage der Freundschaft bildete anfangs meist nur die geografische Nähe: Man wohnte nebeneinander, spielte zusammen auf der Straße oder im Garten und bald ging man zusammen zum Strand. Wir verbrachten den ganzen Tag am Strand. Damals war die Sonne unser Freund, niemand hatte damals Angst von Hautkrebs.

Kaum waren wir ein bisschen älter, planschten wir nicht mehr am Strand. Wir badeten an der Hauptmole, an der vier Mal täglich die Fähre anlegte. An der Mole war das Meer sehr tief, dunkelblau, fast schwarz und wir konnten, wenn wir Anlauf nahmen, tief hineinspringen. Die wilden Sprünge schmerzten beim Aufprall auf der Wasseroberfläche, wir behalfen uns, indem wir in T-Shirts badeten, die unsere Haut vor dem brennenden Gefühl des Aufpralls schützten. Bald entdeckten wir den sprudelnden und kitzelnden weißen Schaum, den die riesige Schiffsschraube der Fähre im türkisfarbenen Wasser erzeugte. Je näher wir der Schraube kamen, desto intensiver war das kitzelnde Gefühl. Irgendwann bekamen unsere Eltern Wind davon. Sie waren wütend und erzählten uns Horrorgeschichten von zerstückelten Kindern, um uns von weiteren lebensgefährlichen Ideen abzubringen. Es funktionierte.

Am Abend saßen wir meist von der Sonne und vom Meer erschöpft auf einem Traktor, der in unserer Nachbarschaft geparkt worden war. Keine Ahnung, warum wir uns gerade diesen Traktor aussuchten. Wahrscheinlich war es für uns Stadtkinder etwas Außergewöhnliches, auf einem

Traktor zu sitzen. Die Kinder auf dem Traktor stammten von überall: Kroatien, Serbien, Slowenien, Bosnien. Die Nächte waren warm und hüllten uns in den Geruch von Salz und Gewürzen. Man hörte Grillen zirpen, ab und zu den rhythmischen, tiefen Bass der Maschine eines alten Fischerboots oder das Lachen einer feiernden Gesellschaft. Unsere Kinderstimmen tanzten durch die Luft. Im Haus gegenüber des Traktors wohnte ein alter Mann, der sich von uns sehr gestört fühlte. Jeden Abend schimpfte er mit uns. Er bespritzte uns mit Wasser, manchmal schüttete er den Inhalt seines Nachttopfs in unsere Richtung. Er erwischte uns nie, sein Ärger war ein willkommener Anlass noch lauter zu lachen.

Unser Traktor steht immer noch auf seinem Platz. Kinder finden sich darauf nicht mehr.

Irgendwann wurde auf der Insel eine Disco eröffnet, gleich ums Eck von unserem Traktor. Eine Gruppe junger Insulaner bekam von der Gemeinde eine *Konoba* (das Erdgeschoß eines alten dalmatinischen Hauses) zur Verfügung gestellt. Sie stellten alte hölzerne Kinosessel die Wände entlang auf, schmückten die Wände mit Postern von David Bowie, Duran Duran, U2 und Europe und bemalten die Glühbirnen grün und rot, um eine gemütliche Atmosphäre zu schaffen. Ich glaube, es gab sogar eine Light-Show. Draußen im Garten bauten sie eine provisorische Bar auf. Der Eintrittspreis war symbolisch und es waren alle willkommen – wir, die Kinder, genau wie die ältere Generation, unsere Eltern, sogar unsere Hunde. Omas oder Opas kamen, um die Kinder abzuholen und blieben noch auf einen Drink. Oder zwei. Wir tanzten alle zu *Burning Down the House*, *Where the Streets Have no Name*, *Sledgehammer*. Die Disco hatte eine magnetische Anziehungskraft, aber leider war sie nur an wenigen Abenden in der Woche geöffnet.

An den anderen Abenden nahmen wir einen schweren, eckigen, großen Kassettenrekorder mit und spazierten wieder zur Mole. Wir lagen auf dem Boden, schauten in den Himmel, der mit so vielen Sternen bedeckt war, dass er einem weißen glitzernden Stück Stoff glich. Wir warteten auf Sternschnuppen und jubelten jedes Mal euphorisch, wenn wir eine entdeckten. Wir hörten serbische Bands wie *Riblja čorba*, »Fischsuppe« und *Bajaga i Instruktori*, »Bajaga und die Instruktoren« oder kroatische Bands wie *Đavoli*, »Die Teufel« und *Prljavo kazalište*, »Schmutziges Theater«.

Wegen des stark fortgeschrittenen Stadiums meiner Skoliose war ich zu dieser Zeit bereits 23 Stunden am Tag in ein Korsett gesperrt. Nur für die Physiotherapie und die Tanzstunden durfte ich es ausziehen. Es sah aus wie ein mittelalterliches Foltergerät und so fühlte es sich auch an. Eine Basis aus dickem Leder hielt meine Hüften. Auf dem Ledergurt war ein Käfig aus breiten Metall-Schienen befestigt, der mir bis zum Kinn reichte. Unter meinem Kinn war ein Podest montiert, das meinen Kopf nach oben schob. Dünne, horizontale Metall-Schienen hielten gepolsterte Teile aus Leder, die die rechte Seite meines Rückens nach vorne und die linken vorderen Rippen nach hinten schoben. Ein weiterer Teil schob die linke Seite meines Kreuzes nach vorne. Auf einmal war ich krank und deformiert und jeder konnte es schon von Weitem erkennen.

In Zagreb ging ich jeden Tag zur Physiotherapie in ein altes Spital. Es war bedrückend, täglich das graue Spital zu besuchen. Unter der strengen Aufsicht der Therapeuten schwamm ich, machte Wassergymnastik, Stromtherapie und Übungen. Das Leben war grau, voller Leiden und Disziplin. Die Trennung meiner Eltern lag mir zu dieser Zeit noch im Magen. Mama war am Boden zerstört. Sie kündigte ihren

Job bei der Jugendzeitung, zog sich nur mehr schwarz an und flüchtete sich in ihre Kunst und ins Gesellschaftsleben. Beides hielt sie zu lange von zuhause fern. Sie fehlte mir. Die Situation zwang mich sehr früh dazu, auf mich allein gestellt und selbstständig zu sein. Ich war viel allein. Ich kümmerte mich um meine Schulaufgaben, ging in die Physiotherapie oder tanzen, besuchte Barbara. Ich lernte, mir einfaches Essen zuzubereiten. Abends schaute ich fern, las und malte.

Seit meiner Geburt hatte mich Mama wie ihre Freundin behandelt, immer auf Augenhöhe. Sie bestrafte mich nie, verbat mir nichts, zwang mich zu nichts und gab mir keine Regeln vor. Sie respektierte mich, redete mit mir, versuchte, mir alles zu erklären. So wie sich selbst, gab sie auch mir viel Freiheit, bereitete mich dabei auf etwaige Gefahren vor. Sie wollte, dass ich bewusst und selbstständig meine Erfahrungen sammelte und aus ihnen lernte. Unsere Mutter-Tochter-Beziehung glich eher einer Freundschaft. Das war wunderschön, bedeutete aber, dass ich schon früh viel übernehmen musste. Es gab Momente, in denen ich mich ungeschützt fühlte.

Bald entwickelte sich zwischen Mama, mir und unserer Nachbarin, die im Stock unter uns wohnte, eine Freundschaft. Ljubica war eine ältere Dame, die vor ihrer Pensionierung die Präsidentin des kroatischen Roten Kreuzes war. Mit 17 Jahren schloss sie sich zusammen mit ihrer besten Freundin, der Tochter eines reichen Nudelfabrikanten, freiwillig den Partisanen an. Mit 18 Jahren wurde sie in den Arm geschossen, blieb aber weiter bei den Partisanen. Sie stammte aus dem gleichen Teil Dalmatiens wie die Eltern meiner Mutter. Sie war geschieden, lebte alleine und übernahm bald die Rolle meiner Großmutter. Bei ihr fühlte ich mich sicher und zufrieden. Sie kochte den besten *Pašta i fažul*,

Bohneneintopf, passte auf mich auf oder spielte mit Mama und mir Rommé.

Um uns beide aufzumuntern, kaufte mir Mama einen Hund, eine schwarze Pekinesin. Als ich sie zum ersten Mal sah, passte sie in meinen Handteller und sah aus wie eine winzige, schwarze Wolke. Ich nannte sie Tila und liebte sie heiß.

Am Meer war das Leben erträglicher, da ich das Korsett, solange ich am Strand war, nicht tragen musste. Tila liebte das Meer und sprang zusammen mit uns Kindern ins Wasser.

Auf der Insel lernten wir auch uns zu verlieben. Iva und Gogo hielten Händchen und gaben sich schüchterne Bussis auf die Wangen. Mir gefiel Gogos Bruder Niki sehr gut. Er war frech, mit dunklen Locken und braunen Augen. Er aber interessierte sich nur für Daniela. Es machte mich traurig, aber ich verstand es – meine freakige Metallausrüstung war bei meinen ersten Schritten ins Liebesleben sicher nicht hilfreich. Ich fühlte mich darin sehr unansehnlich. Danielas Bruder war in mich verliebt, er war aber bloß ein Kind – ganze zwei Jahre jünger als ich. Er sagte es jemandem, der es mir sagen sollte und gleich wussten es natürlich alle. So ein Kind kam natürlich nicht in Frage. Alle diese unglücklichen Lieben zogen so schnell vorüber wie der Sommer.

Wir nahmen oft die Fähre, um Ausflüge nach Šibenik, die benachbarte Stadt an der Küste, zu machen. Es war aufregend, die engen, kühlen Gassen dieser touristisch unentdeckten mittelalterlichen Stadt zusammen zu erforschen. Unsere Selbstständigkeit fand ihren Anfang vor dieser tausend Jahre alten Kulisse voller Wasserspeier, Engel und Fontänen. Die riesigen grauen sozialistischen Plattenbauten, die sich rund um die Altstadt erhoben, vergrößerten noch ihre Magie. Es waren die ersten Momente der Freiheit. In Šibenik kauften die Burschen *Erotika*, eine jugoslawische erotische Zeitschrift mit bunten Bildern von blondierten Frauen mit großen Hängebrüsten. Am Weg zurück lasen sie uns die »erotischen« Witze laut vor. Sie waren nicht wirklich erotisch und nur sehr selten lustig. Wir kauften in Šibenik auch Eis und bunte Schuhbänder für unsere Startas-Turnschuhe.

Startas waren weiß, einfach und billig. Wir trugen sie alle. Gemeinsam mit den blauen Kutten waren sie unsere sozialistische Uniform. Sie wurden in der Fabrik Borovo in Vukovar hergestellt. Dort produzierten sie auch die blauen Borosanas, die Kellnerinnen und Putzfrauen bevorzugt trugen. Die Fabrik beschäftigte damals 22.000 Mitarbeiter und produzierte fünf Millionen Paar Schuhe jährlich. 1991 eroberten die Serben Vukovar. 2000 Menschen starben, 22.000 mussten flüchten. Die Fabrik wurde noch am letzten Tag des Krieges bombardiert. Sieben von zehn Hallen wurden komplett zerstört. Erst vor Kurzem wurde die Marke neu belebt und nun werden die Turnschuhe im ex-kommunistischen Design teuer verkauft. Statt in schlichtem Weiß sind die Schuhe bunt, nur einige hundert Stück werden jährlich produziert. Dass sich die Schuhe heute kaum verkaufen, liegt auf der Hand: Echte Startas muss man selbst bemalen, so wie wir es damals taten.

Wiener Korsett

Mit zwölf Jahren wurden wir endlich Teil der Jugend. Das Ereignis wurde offiziell begangen. In der siebten Klasse reisten wir in Titos Geburtstadt Kumrovec, um dort einen Eid abzulegen, sein Geburtshaus zu besuchen, die Jugend aus anderen Schulen zu treffen, und den besten Bohneneintopf unseres Lebens zu essen. Jetzt, als Mitglieder des Savez socijalističke omladine Hrvatske, der Vereinigung der Sozialistischen Jugend Kroatiens, waren wir ganz offiziell keine Kinder mehr.

Ein Jahr zuvor hatte Papa ein attraktives Jobangebot erhalten und war nach Wien gezogen. Damals waren meine Eltern schon zwei Jahre lang getrennt. Wir gewöhnten uns nun langsam an das neue Leben. Nach der langen depressiven Phase war Mama jetzt endlich wieder besser gelaunt, gelassener und öfter zuhause.

Wir reisten oft nach Wien. Papa hatte eine wunderschöne Wohnung in der Josefstadt, wir besuchten Museen und Ausstellungen, gingen shoppen und zu McDonald's. Solche Dinge konnte man nur draußen machen. Wir besuchten die Baustellen meines Vaters und fotografierten uns stolz gegenseitig vor seinen fertig gestellten Häusern, die sich nun mitten in Wien befanden. Ich verliebte mich schnell in diese Stadt. Außerdem war ich jetzt wer – einen Papa in Wien zu haben, bedeutete über einen direkten Draht ins Ausland zu verfügen. Das sah man mir schnell an, denn ich trug Sachen, die man nur draußen kaufen konnte. Jetzt besaß ich Micky-Mouse-T-Shirts, Fa Deos, Schuhe von Esprit. Leider hatte Wien, wie alles in meinem damaligen Leben, eine schmerzhafte Seite. Meine Eltern hofften, dass es draußen eine bessere, weniger schmerzhafte Lösung für meine Skoliose geben würde.

Ich musste zu unzähligen Untersuchungen in Krankenhäuser, in diverse private Ordinationen und in ein orthopädisches Spital. Dort blieb ich mehrere Tage, lernte neue Übungen und bekam ein neues Korsett. Es war schwer für mich, zum ersten Mal im Leben im Spital sein zu müssen und die Sprache nicht zu verstehen. Ich war aber bereit, alles zu tun, um mich von der mittelalterlichen Folter endlich zu befreien. Dieses neue Korsett sah fast harmlos aus: Es war aus weißem Plastik gefertigt und reichte mir nur mehr bis zum Schlüsselbein. Leider war es noch schmerzhafter als das alte. Das Plastik, das meinen ganzen Oberkörper umschloss, drückte an vielen Stellen meines Körpers. Ich bekam an den Druckstellen offene Wunden. Wenigstens war ich ohne die Schienen, die meinen Kopf oben hielten, ein klein wenig beweglicher. Außerdem war dieses Korsett nicht so sichtbar und ich musste nicht bei jeder Gelegenheit erklären, was eigentlich mit mir los sei. Ich wertete das bereits als Fortschritt.

Trotz der schmerzhaften Erfahrungen war Wien die Stadt der Vielfalt, der aufregenden Orte und der Buntheit. Ich bekam hier meinen ersten Walkman. Es war rosafarben und eckig. Eine rote Kassette von Falco war dabei. Ich war in beide verliebt: in den Walkman und in Falco. Seine Musik wurde zum Soundtrack für meine Fantasien rund um Wien. Jahre später, als ich Falco jeden Samstag im »Volksgarten« traf, musste ich immer an den Zauber des rosafarbenen Walkmans, der roten Kassette und seiner Stimme denken. Sein Anblick machte mich jedes Mal traurig. Er war alt geworden, voller Falten, ständig high und mir viel zu nah. Manche Menschen sind besser aufgehoben auf den Seiten der *Bravo*.

Barbara und ich waren begeisterte *Bravo*-Leserinnen. Man konnte die deutschsprachige *Bravo* auch in unseren Trafiken kaufen. Ich verstand zwar kein Wort, konnte aber die Bilder bewundern, Michael-Jackson-Berichte für mein Fan-Album ausschneiden und die Liedtexte sammeln. Barbaras Aufgabe war es, Dr. Sommer zu übersetzen. Das meiste über Frauen und Männer lernte ich aber aus der kroatischen Frauenzeitung *Svijet*, *Die Welt*. Eine Dame namens Tea Rokovac schrieb Texte über Beziehungen, Liebe und Sex. Ich las sie alle und hatte unbegrenztes Vertrauen zu Frau Rokovac. Ich war hungrig auf ihr Wissen, verpasste keinen Artikel. Sie war meine gesichtslose Mentorin. Vor einigen Jahren sagte mir jemand, dass es diese Frau eigentlich nie gegeben hatte – die Texte waren schlicht aus ausländischen Zeitungen abgeschrieben worden. Wie traurig: Meine weise Beziehungsfee war nichts als ein Trugbild.

Ein Jahr nachdem wir in der »Jugend« aufgenommen worden waren, gab es in Zagreb die »Universiade«, die Olympischen Spiele der Studenten. 6500 Athleten kamen aus der ganzen Welt. Wir machten Klassenfotos mit Zagi, dem Maskottchen. Zagi war ein blaues Einhörnchen, dessen Schwanz in allen Farben der »Universiade« leuchtete. Auf dem Foto kommt auch meine Dauerwelle gut zur Geltung.

Es war die Zeit des Experimentierens. Für mich was das überraschend einfach. Ich fragte Mama, ob sie mir Geld für eine Dauerwelle geben würde, sie sagte, das würde mir nur die Haare ruinieren, aber es sei gut, so einen Blödsinn jetzt und nicht später zu machen und gab mir schließlich das Geld. Ich ging in den kleinen Haarsalon neben der *Kaptol*-Schule (die viel näher an unserer Wohnung lag, aber keinen so guten Ruf hatte wie die *Sedam Sekretara SKOJ-a*). Der ganze Salon stank nach den Chemikalien, die ich dann samt

Lockenwicklern ins Haar gedreht bekam. Ich musste einige Zeit warten, die Wickler wurden mir langsam aus dem Haar gezogen und ein Blick in den Spiegel zeigte, dass mein Haar nun dem zottigen Fell eines Schafes glich. Es war ein gutes Alter, um eine Katastrophe wie diese abzuhaken. Damals trugen wir neon-pinke Lippenstifte, die in unterschiedlichen Farben glänzten, schwarzen Kajal am unteren Lidrand des Auges, T-Shirts mit Madonna-Motiven und stone-washed Jeans. Es waren die lauten und bunten Achtziger.

Auch Zagreb wurde bunter. Ich weiß nicht, ob es am Zeitgeist lag oder ob Titos Tod dazu beitrug. Es gab Vielfalt und Auswahl. Neben vielen kleinen Boutiquen und Lokalen eröffneten auch die ersten Videotheken, in denen wir Filme ausleihen oder kaufen konnten, noch lange bevor sie in den Kinos liefen. Diese Raubkopien waren von unglaublich schlechter Qualität und ließen die Filme alle etwas impressionistisch aussehen. Es ging uns aber nur darum, die Filme sobald wie möglich sehen zu können, und die wichtigsten davon auch zu besitzen – die Qualität spielte für uns keine Rolle. Die beste Videothek war in den grauen Plattenbauten von *Novi Zagreb*, dem Stadtteil Neues Zagreb, versteckt. Jeder Besuch war eine kleine Weltreise mit einer blauen wackeligen Straßenbahn. Es lohnte sich: Barbara und ich waren die Ersten, die *Dirty Dancing* kauften. Wochen bevor der Film geliefert wurde, gab es schon eine Warteliste dafür. Ich glaube, wir waren sogar die Ersten auf der Warteliste. Wir schauten uns den verwackelten Film hunderte Male an, bis schließlich das Band riss. Wir kauften auch gleich alle Versionen des Soundtracks auf Kassetten. *Time of my Life* war unsere Hymne.

Genauso leidenschaftlich sahen wir jeden Montag um 21:20 Uhr *Dynasty*. Ganz Jugoslawien schaute *Dynasty*.

Alle waren in Blake, Krystle, Alexis, Adam und Sammy Jo verliebt. *Dynasty* war der Beweis, dass Geld und Luxus allein nicht glücklich machen. Sätze wie »Armer Blake. Was nützt ihm das ganze Geld, wenn er so eine Familie hat?« hörte man in den Tagen nach der jeweils aktuell ausgestrahlten Folge oft. *Dynasty* war der Stoff unserer Träume und gleichzeitig unser Trost.

Zeitgleich mit *Dynasty* traten auch Hamburger in unser Leben. Natürlich eröffnete kein McDonald's, sondern ein Zagreber Fast-Food-Restaurant namens Hamby. Hamby war eine rot-grün-gelbe Oase in einem alten grauen Haus neben einer Straßenbahnstation im Zentrum. Die Hamburger waren anders als die bei McDonald's (den wir von unseren Auslandsreisen kannten) – sie waren doppelt so groß, mit viel frischem Salat, Tomaten, hausgemachter Majonäse und Ketchup. Die Hamburger schlugen jene von McDonald's geschmacklich um Längen. Die Zagreber aßen sie so gerne, dass der Besitzer bald eine zweite Filiale eröffnete. Zärtlich klopfte der Kapitalismus an unsere Türe. Und wir öffneten rasch.

Ich bemühte mich, mein Leben trotz der Skoliose so gut es ging zu genießen. Ich ging in die Schule und zur Physiotherapie, tanzte regelmäßig Jazz Dance und träumte heimlich vom schmutzigen Tanz mit Johnny an Babys Stelle. Beim jährlichen Auftritt unserer Tanzschule hatte ich meinen ersten Bühnenauftritt zu Whitney Houstons *I Wanna Dance With Somebody*. Im Publikum saßen Eltern, Geschwister und die restliche Familie der jungen Tänzer. Ich trug Leggings, Beinstulpen und ein buntes übergroßes T-Shirt mit einem Knoten um die Taille. Meine Knie zitterten. Aber als ich einmal auf der Bühne war und zu tanzen begann, hatte ich enormen Spaß. Erst als der Auftritt vorbei war, hörten meine Knie auf zu zittern. Ich war erleichtert und überglücklich.

Das Leben verlief zum Soundtrack von Michael Jacksons *Bad.* Ich war unsterblich in ihn verliebt. Ich sammelte alle Bilder und Zeitungsartikel über ihn in einem selbst gebastelten rosafarbenen Fan-Album. Meine Liebe war so groß, dass ich mir in Wien sein Buch *Moonwalk* kaufte und es mit Hilfe eines englischen Wörterbuches las. Ich brauchte dafür einen ganzen Sommer, es war viel Arbeit, aber es gab mir das kostbare Gefühl, Michael ganz nahe zu sein. So ist es Michael Jackson zu verdanken, dass ich früh fließend Englisch konnte. Papa schenkte mir *Thriller* auf VHS und ich lernte die Choreographie auswendig – bei Partys bis heute eine gern gesehene Einlage.

Irgendwann beschlossen Barbara und ich, dass wir alt genug wären um eine Diskothek zu besuchen. Damals ging man ins *Saloon,* einen sehr schicken Club im Tuškanac Park. Wir übernachteten oft beieinander, dieses Mal hatten wir aber besondere Gründe: Barbara blieb bei mir, weil Mama uns erlaubte, auszugehen. Barbaras Eltern hingegen wussten nichts von unserem Ausflug. Außerdem lag unsere Wohnung näher am *Saloon.* Wir stylten uns aufwendig und machten uns auf den Weg. Vor Aufregung sprachen wir wenig. Kaum hatten wir den Club erreicht, verließ uns aller Mut. Aus sicherer Distanz betrachteten wir den Eingang. Ich wollte hinein, Barbara nicht. Nervös stritten wir, wägten ab, ob wir es nicht besser aufgeben sollten. Schließlich gaben wir uns einen Ruck und liefen über die Straße auf den Eingang zu. An der Kassa leuchtete ein Spot in unsere verängstigten Gesichter. Ich quetschte noch ein »Guten Abend« heraus, Barbara sagte nur »Auf Wiedersehen«, schnappte meine Hand und zog mich aus dem Club. Erst beim zweitem Versuch Monate später gelang unsere Premiere im Nachtleben.

Einmal drinnen, wollten wir nicht mehr nachhause. Samstags zwischen 21:00 und 23:00 Uhr war der *Saloon* das neue Zentrum unserer Welt. Wir waren schließlich keine Kinder mehr.

1987, das Jahr der »Universiade«, war auch das Jahr, in dem Milošević in Serbien an die Macht kam. Aus seiner pro-serbischen Politik, die später zum Krieg führen sollte, machte er von Anfang an kein Geheimnis. In kürzester Zeit übernahm er die Kontrolle über die serbischen Medien, über die Regierung von Montenegro und die Regierungen der beiden autonomen Provinzen Vojvodina und Kosovo. Bis 1989 hatte er vier von acht Stimmen in der jugoslawischen Regierung. Jetzt gab er den Ton an.

Rockabilly

Jugoslawische Kinder besuchten die Volksschule acht Jahre lang. Erst mit 14 wechselten wir in die Mittelschule. Die Mittelschule differenzierte sich dann nach unterschiedlichen inhaltlichen Schwerpunkten. Um die gewünschte Mittelschule besuchen zu können, musste man gute Noten haben und eine Aufnahmsprüfung bestehen. Da meine Eltern beide Künstler waren, gab es für sie und für meine Lehrerinnen keine Zweifel daran, dass die einzig richtige Schule für mich die Schule für Angewandte Kunst wäre. Ich zeichnete gerne und wollte Modedesignerin werden. Ich nahm zusätzliche Zeichen- und Malstunden und schaffte die Aufnahmsprüfung problemlos. Hier trennten sich meine und Barbaras Wege. Da ihre Muttersprache Deutsch war, ging sie in die Sprachschule. Ihre Schule galt als Schicki-Micki-Schule, meine hatte den Ruf, alternativ zu sein.

Die »Angewandte« war im rechten Flügel des Museums für Angewandte Kunst untergebracht, einem klassischen gelben Gebäude aus K.u.K.-Zeiten. Die Schule selbst war wunderschön. Die alten Räume hatten hohe Decken, antike bemalte Fliesen musterten die Böden, Fischparkett schmückte das Malstudio. Die langen Gänge wurden von verschnörkelten schwarzen Geländern begleitet, die Fresken der Abschlussklasse wanden sich entlang der Stiegen hinauf. Der Geruch von Ölfarben hing in der Luft. Die Ruhe und Kühle des alten Gebäudes stand in scharfem Kontrast zu den schrillen Studenten und lässigen Professoren. Kein Vergleich mit den grauen einfallslosen Betonblöcken von *Sedam Sekretara SKOJ-a*! Ich liebte meine neue Schule.

Wir studierten Kunstgeschichte und Literatur, Grafik, Zeichen und Bildhauerei. Wir arbeiteten hart, aber wir hatten Lehrer, die den Unterricht spannend gestalteten. Gegenüber der Schule lag die Zagreber Oper und der *Brunnen des Lebens* von Ivan Meštorvić, Jugoslawiens berühmtestem Bildhauer. Der Brunnen zeigte eine Sammlung wunderschöner bronzener nackter Körper. Zu Mittag kauften wir uns Wurstsemmeln und saßen rund um den Brunnen. Wir ließen uns vom warmen Sonnenlicht betäuben, blinzelten träge in den Tag. *Pucanje na suncu* nannten wir es. Wörtlich übersetzt bedeutet es »von der Sonne high werden«.

Am Ende des ersten Jahres mussten wir jeweils drei Abteilungen auswählen, für die wir zur Aufnahmsprüfung antreten mussten. Ich wollte Mode designen, schaffte die Prüfung aber nicht und landete in der Malereiklasse. Schlussendlich erwies es sich als eine gute Wahl – Malerei war die bessere Abteilung, hier erlernte man die Grundlagen der Bildenden Künste.

In der Schule gab es einige Grufties. In Zagreb wurden sie *Darkeri* genannt. Sie waren in schwarze Umhänge gehüllt, trugen schwarze Bischofskappen und schwarzes Make-up und waren sehr unnahbar. Es ging das Gerücht in Zagreb um, dass sie Mitglieder einer satanischen Sekte namens *Crna Ruža, Schwarze Rose,* seien, die ihre Mitglieder vom Selbstmord überzeugen wollte. Bald entlarvten die Zeitungen diese Gerüchte als urbane Legenden und meine Mitschüler büßten ein wenig von ihrer geheimnisvollen Aura ein.

Ein Jahr nach mir kam Lucia in die Angewandte. Sie war meine Nachbarin, hatte auch die *Sedam sekretara SKOJ-a* besucht, war aber jünger. Nur ein oder zwei Jahre Altersunterschied waren damals eine beinahe unüberwindbare Barriere. In der alten Schule hatten wir kaum Kontakt zueinander gehabt. In der Angewandten entwickelte sich aus unserer Bekanntschaft sehr schnell eine enge Freundschaft.

Irgendwann entdeckten Lucia und ich die Rockabilly-Szene. Die Musik war toll, die Leute schrill und locker, die Jungs süß und aufregend anders. Ich trug Stirnfransen, puderte mein Gesicht weiß und bemalte es mit schwarzem Lidstrich und knallrotem Lippenstift. Ich hatte eine Lederjacke, eine Vintage-Jeansjacke (die Jacken eigneten sich hervorragend, um das Korsett zu verstecken), Cowboy-Boots und zwei Paar Creepers-Schuhe. Diese Sachen hatte ich natürlich alle in Wien gekauft, denn die Boutiquen in Zagreb hatten zwar nette Sachen, aber nicht annährend vergleichbare. Ich träumte von einem Petticoat, der Traum blieb aber unerfüllt.

Wir gingen zu Blue Moon, so hießen die Rockabilly Partys, die freitags im *Kulušić* stattfanden. *Kulušić* war der legendärste Club in Zagreb. Die Klubs waren staatlich organisiert und erhielten Subventionen. So konnten sie tolle Konzerte bei niedrigen Eintrittspreisen anbieten. Wir erlebten dort neben vielen kroatischen Rockabilly-Bands auch Stars wie Stray Cats, Skitzo, Matchbox, Meteors. Die Rockabilly-Szene war klein und wir wurden schnell ein Teil von ihr. Es gab eine Bande, die hießen *Tuljani, Die Seehunde*. Sie trugen schwarze Lederjacken, riesige glänzende Haartollen und fuhren alte schwarze Motorräder der Marke Puch. Sie kamen uns groß, alt und gefährlich vor. Wenn ich heute an sie denke, muss ich lachen – es waren schlicht pubertierende Jungs aus jenen Zagreber Vierteln, die nicht ganz so »gleich« waren.

Auf den Stiegen des *Kulušić* küsste ich den ersten Mann meines Lebens. Ich war 16, er wahrscheinlich auch. Er war süß und zierlich und hatte eine unwiderstehlich perfekte Tolle und spielte Schlagzeug in einer Band. Ich fand den Kuss ziemlich ekelig – ich hatte nicht so etwas Nasses erwartet. Er hatte eine Freundin, wir wurden nie ein Paar.

Es gab legendäre Typen wie *Divljak,* Der Wilde, und *Cvjetić,* Das Blümchen. Divljak galt wegen seinem hartem Aussehen als gefährlich und Cvjetić aufgrund seines Talents als der beste Tänzer der Szene. Die Rockabilly-Jungs waren trotz ihres harten Aussehens unglaublich galant. Sie hielten sich nicht nur an das Styling aus den fünfziger Jahren, sondern auch an die damaligen Benimmregeln. Sie behandelten uns wie ihre kleinen Schwestern, mit viel Respekt, und glaubten uns beschützen zu müssen. Wir besuchten bald kleinere, weniger kommerzielle Partys in schrillen Locations, wie im *Podrum*, dem Keller einer Schule für Kinder mit Lernproblemen, oder der Halle eines Sportzentrums in einem weniger *»gleichen«* Bezirk. Wir fuhren mit der blauen Nachtstraßenbahn oder gingen zu Fuß. Damals war Zagreb sicher und ruhig. Da jeder das hatte, was er brauchte, und keiner mehr oder besser verdiente, gab es keinen Grund für Überfälle. Außerdem gab es in jedem Bezirk, jeder Fabrik, jedem Betrieb und jeder Institution Sozialarbeiter und Psychologen, die sich um die Menschen kümmerten. Kriminalität wurde durch ein dichtes soziales Netzwerk verhindert.

Nach einiger Zeit wurde mir die Rockabilly-Szene zu klein und langweilig und ich ging mit Barbara in andere Clubs, wie in den *Saloon* am Samstag und den *Kulušić* am Sonntag. Im Saloon tanzten wir zu *Pump Up the Jam*, *All Around the World* und *Back to Life*. Im Kulušić tanzten wir zu Boogie aus den Achtzigern: *September*, *Celebration* und *Upside Down*. Wir trugen silberne Schuhe und Jeans oder kurze, sehr breite Röcke mit enger Taille und schwarze Rollkragenpullis. Unsere Freunde hatten meist schon einen Führerschein und brachten uns in ihren *Peglica*, »Bügeleisenchen« (kleine eckige Fiats in olivgrün oder kotzgelb), oder in ihren *Yugos* (in Weiß, Blau oder Rot) in die Clubs. Hauptsache ein Auto – wir waren endlich von Zagrebs blauer Straßenbahn unabhängig. Nach den Partys gingen wir ins *Pingvin*, das rund um die Uhr offen hatte, auf ein warmes Sandwich, oder aßen am Hauptbahnhof ein Burek.

Irgendwann eröffnete der Vater eines Bekannten den *Best Club*. Das war ein riesiger, moderner Club außerhalb des Zentrums. Sein Vater war unter gleichen Männern ein *Gleicherer*: Er war eigentlich als Installateur tätig gewesen und hatte ursprünglich eine Firma für Zentralheizungen und Klimaanlagen betrieben. Während des Krieges war er General der kroatischen Armee. Bei Kriegsende besaß er eine Öl-Firma und eröffnete eine Tankstelle, dann noch eine. Meinem Freund kaufte er zuerst einen Jeep, dann einen Porsche. Er fing an Formel 3 zu fahren und wurde damit sehr erfolgreich. Irgendwann kaufte der Vater ein Schloss, sein Sohn baute eine luxuriöse Villa im besten Viertel von Zagreb. Der Vater wurde vom Kriegsverbrechertribunal in Den Haag angeklagt, es folgte ein Freispruch. Vor ein paar Jahren verkauften sie schließlich das Öl-Imperium an ungarische Investoren um 150 Millionen Euro. Ein Kriegsmärchen. Es ging nicht mehr um gleich und *gleicher*. Die neue Elite spielte längst nach neuen Regeln.

Weil der Klub der Stunde so weit weg war, wurde die Verfügbarkeit von Autos immer wichtiger. Ein guter Freund hatte eine kotzgelbe Peglica. Es war das erste Auto, das ich selbst gefahren habe. Oder es zumindest versuchte. Es war ein später Samstagabend und er brachte mich nachhause. Wir waren noch voller Energie und er kam auf die Idee, mir das Autofahren beizubringen. Er war ein geduldiger Lehrer, mir kam Autofahren trotzdem wie eine nicht bewältigbare

Aufgabe vor. Ich verstand nicht, wann ich welches Pedal zu drücken hatte, die Koordination war so kompliziert. Ich fuhr drei Meter weit und gab es dann auf. Jahre später erkannte der Prüfer im Rahmen der Führerscheinprüfung gleich meine Angst und sagte: »Das Auto kontrolliert Sie, anstatt dass Sie das Auto kontrollieren.«

Meine Cousins zogen nach Amsterdam und besuchten dort eine internationale Schule. Sie berichteten aufregende Neuigkeiten über ihre Schule: Über die Kinder aus ganzen Welt, den Unterricht in englischer Sprache, das Schultheater, die Sportaktivitäten, all die Ausflüge. Ich träumte davon, auch auf eine internationale Schule zu gehen. Obwohl es nie den Plan oder auch nur die Idee gab, nach Wien umzuziehen, hatte ich das starke Gefühl, dass ich eines Tages im Ausland leben würde.

Es war eine gute Zeit. Mama, Tila und ich machten uns ein schönes Leben. Wir renovierten die Wohnung ganz nach unserem Geschmack. Wir fuhren durch Zagreb auf unseren Fahrrädern und Tila saß vorne in meinem Korb. Wir holten Brot vom Bäcker ums Eck genau zu der Zeit, wenn es frisch aus dem Ofen kam. Mama fertigte Schmuck aus Keramik und arbeitete im Grafikdesign. Ich liebte meine Schule, zu der ich jeden Tag durch die Stadt spazierte. Ich erledigte meine Hausaufgaben gewissenhaft und gern. Stundenlang malte ich, zeichnete und übte Kalligraphie. Dabei hörte ich Mozart, Bach, Haydn, Vangelis und Keith Jarrett. Ich telefonierte mit Papa und wir besuchten uns regelmäßig in Zagreb oder Wien.

In der Schule hatte ich eine große Liebe, Nebojša. Nebojša war zwei Jahre älter als ich und galt als sehr talentiert. Er hatte lange braune Haare und blaue Augen – und eine hübsche Freundin, die in seiner Klasse war. Ich traute mich nie, Nebojša auch nur anzusprechen. Als ich am Pfeifferschen Drüsenfieber erkrankte und mehrere Wochen zuhause bleiben musste, erzählte ihm eine Klassenkollegin von meinem Zustand – und wahrscheinlich auch von meiner heimlichen Sehnsucht. An einem Nachmittag klingelte Nebojša völlig unerwartet an meiner Tür. Als ich in meinem Pyjama die Tür öffnete und Nebojša vor mir stand, wurde ich fast ohnmächtig. Er überreichte mir eine selbst zusammengestellte und aufgenommene Musikkassette und sagte, sie sei statt den Orangen, die man bei einem Krankenbesuch üblicherweise mitbrachte. Wir saßen in meinem Zimmer, er rauchte eine Zigarette und trank ein Glas Wasser. Jahrelang bewahrte ich den Zigarettenstummel auf, gut möglich, dass er immer noch irgendwo in meinem Zimmer in Zagreb versteckt ist. So nah kam ich Nebojša nie wieder.

Mit den Männern war es schwierig. Ich weiß nicht, ob es am Korsett lag. Wir redeten über das Korsett, sie waren immer voller Verständnis, interessiert, aber eben auch nicht mehr. Ich akzeptierte meine Lage, es blieb mir nichts anders übrig. Gesund zu werden und das Leben zu genießen war mir in der Zeit wichtiger – die Männer konnten warten. Die Liebe erlebte ich in meinen Fantasien, ich ernährte mich von Tagträumen.

Eine meiner heimlichen Lieben blieb auch geheim. Der Unterricht fand in zwei Schichten, vormittags oder nachmittags, statt. So konnten wir die Schulräume mit einer zweiten Klasse teilen. Wir zeichneten gerne mit Bleistiften auf die Schulbänke – wir waren ja schließlich Künstler und es war einfach auszuradieren. Jeden Tag fand ich wunderschöne Zeichnungen an meinem Platz – derjenige, der im anderen Turnus auf meinem Platz saß, war ausgesprochen kreativ. Ich hinterließ ihm auf der Bank ein Kompliment. Er schrieb zurück. Monatelang hinterließen wir uns Botschaften auf der Schulbank. Der geheime Briefwechsel machte es spannend, morgens in die Schule zu kommen. Wir verliebten uns in diese Spannung, in die Botschaften des anderen. Bald fehlte ich öfters in der Schule, er wechselte die Klasse und wir schafften es nie, einander kennenzulernen. Bis heute weiß ich nicht, wie mein Brieffreund hieß.

Ich war schon jahrelang in das Korsett gesperrt, lebte geduldig mit dem Schmerz, absolvierte die Physiotherapie und hoffte. Es gab keine Frist, keinen Termin, keine Gewissheit. Nur Hoffnung und Disziplin. Ich wusste nur, dass ich das Korsett nicht mein ganzes Leben lang tragen würde. Ich war gehorsam und verantwortungsvoll. Ich akzeptierte meine Lage schweigend und versuchte, brav zu sein, alles richtig zu machen. Ich dachte wieder: Wenn ich brav bin und mein Bestes gebe, wird alles gut werden. Ich rebellierte nicht, beklagte mich nie, verlor kein böses Wort gegenüber meinen Eltern oder Freundinnen.

Das Land laborierte an einer Wirtschaftskrise, ausgelöst durch die Ölkrise der siebziger Jahre. Es kämpfte mit Arbeitslosigkeit, Schulden, Inflation. Die Politiker versuchten verzweifelt einen Weg aus der Krise zu finden. Es gab eine Menge Vorschläge, sie diskutierten sogar über die Einführung der Privatwirtschaft. Auf die Reform folgte ein Stabilisierungsprogramm und dann wieder eine Reform. Menschen streikten. Da unsere Schule im Zentrum lag, erlebten wir oft die lautstarken Protestmärsche der Arbeitnehmer. Sie trugen Transparente und skandierten ihre Parolen laut. Es waren viele – zu den Zeiten hatte der jugoslawische Gewerkschaftsbund rund fünf Millionen Mitglieder. Diese laute Unzufriedenheit jagte mir Angst ein. Im Kosovo gab es Unruhen. Die Albaner verlangten nach einer besseren Behandlung durch Serbien. Kroatien und Slowenien waren durch die Industrie, Export und Tourismus die größten Verdiener und fanden es unfair, den größten Teil ihrer Einnahmen nach Belgrad schicken zu müssen, um damit ärmere Republiken zu stützen. Tito fehlte.

Auch für Jugoslawien gab es keine Frist, keinen Termin, schon gar keine Gewissheit. Aber wir hatten noch die Hoffnung.

Iron Lady

Es gibt Skoliosen, die irgendwann in ihrer Entwicklung einfach stehen bleiben und sich nicht weiter verschlechtern. Es gibt Krankheitsverläufe, wo sich die Krümmung der Wirbelsäule sogar wieder verbessert. Ich hatte eine rapide Skoliose. Diese wird immer schlimmer. »Irgendwann hast du einen Buckel und du drehst dich einwärts, bis die Lungen und das Herz zerquetscht werden, und dann stirbst du«, sagte mein Arzt mitleidlos. Es war die wenig behutsame Vorbereitung auf die Nachricht, dass ich operiert werden musste. Er saß meiner Mutter und mir gegenüber, hinter ihm die Röntgenbilder meiner verkrüppelten Wirbelsäule. Sein Mantel war strahlend weiß, darunter trug er ein blau kariertes Hemd. Ein paar Stifte ragten aus der Brusttasche seines Mantels. Hinter ihm offenbarten riesige Fenster den Blick auf den Spitalspark. Das Grün der Baumkronen und der blaue Himmel kündigten das Herannahen des Sommers an. Es gibt Momente, die sich einbrennen, wie ein Stempel, unauslöschlich. Irgendwann klingt der Schmerz ab und die Wunden können heilen. Die Narben aber bleiben. Manche von uns werden vom Leben durchgestempelt, bis sie dem Pass eines reisenden Außendienstlers gleichen.

Die Operation sollte meine Wirbelsäule strecken, dazu musste ein Teil des Hüftknochens entnommen werden, um die Wirbel zu unterstützen, um dann die Wirbelsäule selbst mit einer Metallschiene festigen zu können. Die Ärzte mussten mich dazu auf dem OP-Tisch mit noch offenem Rücken aus der Narkose wecken um sicherzugehen, dass ich Arme und Beine bewegen konnte. Es war kompliziert und gefährlich, und es würde sehr schmerzhaft werden. Die

Nachricht von der Operation barg auch eine Verheißung: Danach wäre alles für immer vorbei.

Die Angst, mit der ich seit der Diagnose lebte, verwandelte sich in ein Monster, das nur darauf wartete, aus der Dunkelheit und der Stille heraus anzugreifen.

Nebu dobro, Es wird nicht gut, sagten die Erwachsenen. Die Wirtschaftskrise wurde schlimmer. Unser Premierminister Ante Marković entschied noch mehr Kapitalismus und noch mehr Marktfreiheit zuzulassen. In Zagreb eröffneten die ersten »Duty Free«-Geschäfte. Ich weiß nicht, wie sie organisiert waren, es war uns nun aber möglich, jene Dinge zu kaufen, die man normalerweise nur im Ausland bekam. Für D-Mark oder Schilling kauften wir Cartier-Zigaretten, POP-Swatches und Lou Lou-Parfum. Das Draußen sickerte langsam zu uns herein.

Meine Mutter bekam ihre Honorare oft erst viele Monate im Nachhinein ausbezahlt. Die Inflation war so hoch, dass das Geld, als es endlich aufs Konto gelangte, schon nichts mehr wert war. Wir waren jetzt alle Millionäre und konnten uns doch nichts kaufen um unser Geld. Ich brauchte mehrere Millionen Dinar, um ein Paar Jeans zu kaufen. Es war so viel Papier, dass ich für den Transport der Geldscheine eine Tasche benötigte. Irgendwann wurde der Dinar abgewertet. Neues Geld musste gedruckt werden.

Wir waren traurig, enttäuscht. Wir hatten leidenschaftlich an Tito und sein Jugoslawien, den Sozialismus, die bessere Zukunft geglaubt. Als meinem Großvater Jahren zuvor eine Professur in Princeton angeboten worden war, hatte er sie abgelehnt. »Was würden meine Kollegen über mich sagen?«, erklärte er seiner Familie (während mein Vater und meine Tante sich schon in einem Cadillac wähnten). Am Höhepunkt ihrer Karriere hatte auch meine Mutter mehrere

Angebote von Agenten und Produzenten aus den USA ausgeschlagen. Die Menschen glaubten an ihr Land.

Im Kosovo wurde immer lauter protestiert. Slowenien und Kroatien redeten über eine Konföderation, sie verlangten mehr Unabhängigkeit. Der Rest Jugoslawiens wollte nichts davon hören. Die Wirtschaftskrise weckte das nationale Bewusstsein in uns. Veränderungen lagen in der Luft. Niemand wusste, was kommen würde. Ein Blutbad, in dem mehr als 100.000 Menschen ums Leben kommen sollten, lag jenseits unserer Vorstellungskraft.

In dieser Ungewissheit versuchte ich alles zu vereinen. Die neue Schule, erste Lieben, neue Freundschaften, neue Erfahrungen, die tägliche Physiotherapie, den beständigen Schmerz, den erstickenden Zwang des Korsetts, die Arztbesuche in Zagreb und Wien. Das Herannahen des Erwachsenwerdens allein ist schon Hürdenlauf genug. Mit der Deformation und dem Ungewissen zurechtzukommen war beinahe unmöglich.

Zur Vorbereitung meiner Operation musste ich zu unzähligen Untersuchungen. Das Spital wurde mein zweites Zuhause. Man entschied, mir in mehreren Sitzungen Blut abzunehmen, um mir während des Eingriffs eine Eigenbluttransfusion zu ermöglichen. Die Schwestern verschätzten sich bei der Blutabnahme: Zwar erhielt ich einen Keks und wurde nachhause geschickt, aber schon nach wenigen Schritten kollabierte ich vor dem Eingang des Spitals. Millionen Nägel bohrten sich schmerzhaft in meinen Kopf, ein schwarzer Vorhang fiel und ich mit ihm. Ich musste auf die Intensivstation. Neben mir lag eine sehr alte Frau, mit einem lauten unregelmäßigen Herzrhythmus. Bei jedem überraschenden Piepton ihres EKGs schreckte ich hoch. Das Zimmer war weiß und sehr klein. Der Platz reichte nur für zwei Betten, zwei Nachtkästen und für ihr EKG. Ich konnte nur die weiße Wand vor meinem Bett anstarren. Die Enge fühlte sich aber intim und beschützend an.

Die nächsten Tage fütterte mich Mama mit Prosciutto, Fleisch, Salz, Spinat und Schwarzbeeren. Ich lag auf der Couch und betäubte meine Gedanken mit einer Endlosschleife aus *Grease* und *Dirty Dancing*. Ich wartete auf die Operation. Von meinem Zimmer aus konnte ich das Spital, in dem ich operiert werden würde, sehen. In diesen warmen Sommernächten lag ich wach bei offenem Fenster, blickte in die Finsternis und lauschte den Geräuschen, die aus der Richtung des Spitals kamen.

Ich wurde in dem Jahr operiert, in dem die Mauer fallen sollte: 1989. Damit ich so wenig wie möglich vom Unterricht verpasste, wurde der Eingriff für den frühen Sommer angesetzt. Ich musste bereits zwei Wochen vor dem eigentlichen Termin im Spital sein, um eine Rückgratextension durchzumachen. Wenn ich nicht in der Physiotherapie war, wurde meine Wirbelsäule buchstäblich gedehnt: Meine Hüfte wurde mit ledernen Gurten ans Bett gefesselt. Weitere Gurte fixierten meinen Kopf. An diese Gurte wurde täglich ein neues Gewicht gehängt.

Mama war mehrmals am Tag bei mir, brachte mir Essen und Tila mit, die vor dem Spital auf mich wartete. Ich hatte auch täglich Besuch von Freunden und Familie. Mit meinem rosafarbenen Walkman hörte ich *The Disintegration*, das neue Album von »The Cure«. Ich las und schlief viel.

Das Spital aus k.u.k.-Zeiten, ein eleganter Gebäudekomplex, lag in einem wunderschönen Park. Wäre es kein Spital gewesen, hätte man es vielleicht als einen romantischen Bau bezeichnen können. Die Kinderabteilung war überfüllt. Die ursprünglich geräumigen Zimmer waren mit alten

Metallbetten ausgestattet. Kinder jeden Alters teilten sich die Zimmer. Ich war 15 Jahre alt, neben mir waren einige Sechsjährige untergebracht. Am Tag vor meiner Operation wurde eine 16-Jährige aus unserem Zimmer operiert. Es war nur ein kleiner Eingriff am Knie. Als sie aus dem Aufwachraum zurückgeschoben wurde, weinte sie so herzzerreißend, dass ich die lauernde Angst kaum noch meine Kehle hinabzwingen konnte.

Sehr früh am nächsten Tag holte mich eine große und maskuline Krankenschwester und brachte mich in das kleine Gemeinschaftsbadezimmer, um mir den Rücken zu rasieren. Sie zog mir eine dünne grüne Kutte mit zwei Schleifen am Rücken über. Danach lag ich im Bett und wurde den Gang entlanggeschoben. Der weiße Plafond aus Styroporplatten und die Neonbeleuchtung rollten wechselweise über mir hinweg. Im Operationssaal angekommen, war ich vor Angst längst verstummt. Sie maßen zuerst meine Temperatur – und schickten mich nachhause.

Aus Angst hatte ich Fieber bekommen. Ich musste zurück nachhause, um dann die ganze Prozedur – inklusive der Extensionen – von Neuem zu beginnen.

Beim zweiten Mal war ich ruhiger. Ich kannte das alles schon. Damit ich die Tortur erneut durchstünde, kaufte mir meine Mutter einen kleinen weißen Fernseher, einen, wie ihn Taxifahrer in ihren Autos haben. Ich lag in einem Zimmer, das ich dieses Mal mit nur drei anderen Patientinnen teilen musste. In der warmen Sommernacht vor meiner Operation lag ich im Bett, mehrere Gewichte von einigen Kilogramm belasteten meinen Kopf, und ich sah mir *Schwanensee* an. Ein Zufall, dass gerade in dieser Nacht Ballett gezeigt wurde. Ich versprach mir selbst, bald wieder zu tanzen.

Dieses Mal gab mir die Schwester noch im Zimmer eine Beruhigungsspritze – bevor sie mit den Vorbereitungen begann. Ich schlief ein, bevor ich wusste, was geschehen war.

Ich erinnere mich an den Moment, als sie mich während der Operation weckten. Alles war in ein helles Licht getaucht und mit grüner Farbe bedeckt – die Menschen und die Laken. Alles verschwamm. Von weit weg hörte ich die Stimme meines Arztes: »Ana, beweg deine Arme und Beine.« Ich wollte unbedingt, dass er wusste, dass ich ihn gehört hatte. Ich wollte, dass er sicher sein konnte, dass ich wieder gesund werden würde. Dann verschwand alles und ich tauchte unter.

In der Hölle erwachte ich wieder.

Ich sah Mama nur kurz in der Tür stehen. Sie versuchte sicher, für mich stark zu sein, weinte aber wie ein Kind. Die Schmerzen waren so stark, dass ich kaum atmen konnte. Ich war noch betäubt und driftete schnell wieder weg.

Auf der Intensivstation war es still, jede Patientin litt beinahe lautlos. Draußen zeigten sich die ersten Anzeichen eines Sommersturms. Mein Körper fühlte sich an, als ob jemand nicht nur die Wirbelsäule, sondern mein gesamtes Skelett entnommen und es durch scharfkantige Metallschienen ersetzt hätte. Überwältigender Schmerz pochte in jeder einzelnen Faser meines Körpers. Mein ganzes Wesen war Schmerz. Ich war Schmerz.

Der Schmerz schmeckte nach Blut und Rost und roch metallisch. Jeder Atemzug war eine unbeschreibliche Qual. Ich überlegte, mit dem Atmen aufzuhören. Ich atmete so flach wie ich konnte, zögerte den Moment des Luftholens so lang als möglich hinaus. Wenn ich es nicht mehr aushielt, erlaubte ich mir einen Atemzug, trank die Luft in einem winzigen Schluck.

Ich lernte, dass es einem Menschen, solange er weinen kann, gut geht. Ich konnte es nicht mehr. Die Schmerzen waren so überwältigend, dass ich es kaum schaffte, ein Ton aus mir herauszupressen. Das Einzige, was ich herausbekam, war ein Wimmern, wie ein Welpe. Das Geräusch kam aus meinem Inneren und entwickelte sich im verkrampften Hals schließlich zu einem lauten schmerzhaften Ausatmen durch die Nase. Wenn sie mich wimmern hörten, läuteten die anderen Patientinnen die Glocke, um die Schwester zu rufen. »Schwester, die Kleine hat wieder Schmerzen«, sagten sie ihr. Die Schwester gab mir die Morphiumspritze. Ich lebte für diesen Moment. Diesen kleinen Stich. Die kalte Nadel in meinem Fleisch. Die Erleichterung. Kurz. Es war immer zu kurz. Die Schmerzen kehrten unerbittlich zurück.

Eine Woche lag ich auf der Intensivstation, eine offene Wunde entlang meines Rückens und der linken Hüfte. Ich durfte mich nicht bewegen. Die Schwestern drehten mich manchmal auf die Seite und stützen meinen Körper rundherum mit Polstern ab. Sie fütterten mich mit zerkleinertem matschigen Essen, das einfach zu schlucken war. Sie wischten mich mit nassen Laken, wechselten den Katheter und die Infusion und brachten mir den Nachttopf und die heiß begehrten Morphiumspritzen. Ich war betäubt, von den Schmerzen und vom Morphium. Ich hatte keine Kraft zu reden oder zu lesen. Es ging nur um den nächsten Atemzug.

Nach einer Woche wurde ich in mein voriges Zimmer zurückverlegt. Am darauffolgenden Tag wurde ich im Liegen eingegipst. Als mein verwundeter Oberkörper von hartem Gips umhüllt wurde, meldeten sich die Schmerzen mit voller Wucht zurück. Der Gips war unendlich schwer. Gnadenlos zwangen mich die Schwestern aufzustehen und herumzulaufen. Ich mühte mich hoch und entdeckte, dass ich um sechs Zentimeter gewachsen war – so stark war die Krümmung meiner Wirbelsäule gewesen.

Eine Woche später wurde ich aus dem Spital entlassen. Sie gaben mir einen Zettel, auf dem kleine Strichmännchen gezeichnet waren, die jene Bewegungen vormachten, die ich nun nicht mehr machen durfte. Es waren ganz einfache Bewegungsabläufe dabei wie den Kopf hochzuheben oder sich nach hinten umzudrehen. Ich fand meine Tränen wieder: Zum ersten Mal nach der Operation weinte ich. Für mich als Tänzerin bedeutete dieser Zettel das Ende meines Lebens.

Der Arzt war von der Operation begeistert. Es war eine der erfolgreichsten Operationen, die er je durchgeführt hatte. Die Anästhesistin erzählte, dass die Atmosphäre einzigartig gewesen war. Alles sei so reibungslos gelaufen, »als ob der OP-Saal mit Engeln gefüllt war«, sagte sie. Ich fand es interessant, dass Ärzte in Bezug auf mich immer wieder Geister und Engel bemühten. Was mir niemand gesagt hatte, war, dass ich den Gips weitere sechs Monate würde tragen müssen. Danach folgte für weitere sechs Monate wieder ein Korsett. Ich hatte gehofft, dass ich das, dank der Operation, für immer losgeworden wäre.

Die Rettung brachte mich nachhause. Da wir keinen Aufzug hatten, trugen mich zwei Krankenpfleger auf einer Trage in den vierten Stock hinauf. Die Bewegungen waren sehr schmerzhaft. Als wir in die Wohnung kamen, stellten sie die Trage auf dem Boden ab. Tila war überglücklich, mich zu sehen – sie bellte, leckte meine Hand und mein Gesicht ab und sprang um mich herum. Sie spürte, dass ich unter starken Schmerzen litt und passte auf, mich nicht zu fest zu berühren. Ich war glücklich, wieder zuhause zu sein.

Im November fiel die Mauer. Die UdSSR-Satellitenstaaten befreiten sich, führten die Demokratie und die Marktwirtschaft ein.

Wir dachten nicht, dass diese geschichtsträchtigen Vorgänge uns etwas angehen oder gar betreffen würden. Wir waren ja seit 1948 frei. Eine Art Marktwirtschaft hatten auch wir schon.

Der Krieg

Ich war glücklich, zuhause zu sein, obwohl ich nichts unternehmen konnte. Der Schmerz war noch immer überwältigend. Nie wieder spürte ich so etwas – diese Erfahrung hat für mich die Idee von Schmerz relativiert. Ich schlief viel, sah fern, hörte Musik und las Marcel Prousts *Auf der Suche nach der verlorenen Zeit*. Mama widmete sich vollkommen meiner Genesung. Sie kochte für mich, brachte mich auf die Toilette, wusch mich und half mir mit dem Alltag, für den ich noch viel zu unbeweglich und schwach war. Sie versuchte alles, um mein Leben so angenehm wie möglich zu machen. Papa kam aus Wien zu Besuch.

Es war ein heißer Sommer. Nach einigen Wochen öffneten die Ärzte den Gips entlang meiner Wirbelsäule und entfernten die Nähte. Ich schwitzte unter dem Gips und meine Haut fing an zu jucken. Ich entwarf lange dünne Plastikstreifen, mit denen ich mich unter dem Gips kratzen konnte. Das Leben war eine einzige Improvisationsübung. Das Überleben. Auf dem Zettel mit den verbotenen Bewegungen fand sich auch das Sitzen. Es wurde klar, dass ich doch ein Schuljahr verlieren würde.

Drei Monate nach der Operation musste mein Gips gewechselt werden. Um das zu schaffen, ohne dass meine Wirbelsäule doch noch in sich einstürzte, mussten mich zwei Krankenpfleger mit Hilfe einer Vorrichtung am Kopf aufhängen. Sie öffneten den Gips mit einer elektrischen Säge. Dann mussten die Nähte, die seit drei Monaten in meiner Hüfte waren, entfernt werden. Das war nicht so einfach. Ich hing da, festgemacht am Kopf, nackt und erniedrigt, voller Schmerzen, als sie mir die Nähte buchstäblich herausrissen.

Meine Mutter, die heroisch seit Monaten diese ganze Tortur mit mir durchstand, schrie auf, schwankte, fiel fast um. Ich brüllte. Für weitere drei Monate wurde mein Oberkörper wieder versiegelt.

Ich war auf meinen Arzt wütend, er hatte mir vor der Operation versichert, dass ich den Gips nur zwei Monate lang würde tragen müssen. Zur Motivation hatte ich mir schon schulterlose T-Shirts gekauft. Die versteckte ich jetzt im Schrank. Ich traute niemandem mehr. Ich dachte, die Qual würde niemals enden. Es blieb mir aber nichts anderes übrig, als tapfer zu bleiben.

Als ich nach sechs Monaten endlich vom Gips befreit wurde, war es nicht so, wie ich es mir ausgemalt hatte. Ich fühlte mich ohne meinen Panzer schwach und ungeschützt, meine Haut war schmerzhaft empfindlich, meine Muskulatur hatte sich zurückgebildet. Ich bekam gleich ein Korsett angepasst. Es ähnelte dem Korsett aus Metall und Leder, das ich jahrelang getragen hatte, reichte mir aber nur bis zur Schulter und sah ein wenig futuristisch aus, da es statt aus Leder aus orangenfarbenen transparenten Plastikteilen gefertigt war. Es diente dazu, meinen geschwächten Körper zu unterstützen, während ich wieder täglich in die Physiotherapie ging, um die Muskeln langsam wiederaufzubauen. Mir war schnell klar, dass Disziplin ein wesentlicher Bestandteil meines restlichen Lebens sein würde.

Ich ging wieder in die Schule. Es war erfrischend, endlich normal zu sein. Wir gingen aus, viele Leute starrten mich an, manche fragten nach dem Korsett. Barbara sagte, ich solle erzählen, dass ich von einer Gilera gefallen wäre. Sie hatte recht – es klang nicht nur cooler, es ersparte mir zu erklären, was eine Skoliose sei und wie so eine Operation ablief. In einer Warteschlange vor dem Klub *Kulušić* kommentierte eines Abends ein junger Mann meine Brüste: »Die Kleine ist flach wie ein Brett.« Es machte mich wütend. Ich wollte, dass er meine flachen Metallschienen spürte. Ich folgte ihm hinein, fand ihn in der Masse, presste das Korsett gegen seinen Körper. Ich habe ihm nicht wehgetan dabei, ich wollte nur, dass er mein Korsett spürt. Dass er meinen Schmerz spürt. Sein Gesicht war verblüfft, er wollte fragen, was das gewesen war, aber ich verschwand, bevor er es schaffte, etwas zu sagen.

1990 war ich das Korsett los. Ich war frei. Endgültig.

Die ersten Tage ohne Korsett waren glückliche Tage, manchmal voll widerstreitender Gefühle. Die Freiheit hatte zwei Seiten. Einerseits war ich voller Energie, anderseits fühlte ich mich ohne den gewohnten Panzer unsicher, verletzlich und schwach.

Im gleichen Jahr wurden in Jugoslawien die ersten freien Wahlen abgehalten. In Kroatien und Slowenien gewannen nationalistische Parteien, die in Richtung Unabhängigkeit strebten. Im Fernsehen sahen wir die Bilder des zweiten Golfkriegs. Wir hassten Kriege. Tito hat uns zu Pazifisten erzogen.

Ein paar Wochen nachdem ich mich zum ersten Mal in sieben Jahren ohne Korsett bewegen konnte, schickte mich mein Vater nach England, um dort drei Wochen lang Englisch zu lernen. Ich wohnte bei einer Familie in Reading. Der Familienvater arbeitete auf einer Baustelle, die Mutter im Casino. Zum Abendessen gab es fettige, zerfallene Fish and Chips, in Zeitungspapier gewickelt. Die Familie war arm. Ich war von ihrer Lebenssituation so schockiert, dass ich auf der Stelle nachhause fliegen wollte. Sozialistische Prinzessinnen waren an solche Lebensumstände nicht gewöhnt und auch nicht auf sie vorbereitet. Die Familie war aber ausgesprochen warmherzig und voller Lebensfreude. Nach der ersten Eingewöhnung schämte ich mich für meine anfängliche Arroganz und verbrachte drei sehr glückliche Wochen bei ihnen. Zum ersten Mal war ich ganz alleine in einem fremden Land. Zum ersten Mal nach sehr langer Zeit wieder gesund. Diese Freiheit fühlte sich magisch an.

Mit der vom Franjo Tuđman geleiteten HDZ, der Kroatischen Demokratischen Gemeinschaft, als Wahlsieger, entdeckten auch Kroaten ihren Nationalstolz wieder. Plötzlich tauchten alte Wappen und Flaggen auf, die bis dahin verboten waren. Viele kauften Kassetten mit alten kroatischen Kampfliedern, die ich nie zuvor gehört hatte. Es erschienen Bücher über Kroatien, unsere Geschichte und Identität. Nationalstolz erfüllte das Land, unterstützt von Merchandising-Artikeln und aufgeregter Medienberichterstattung.

Die serbische Minderheit in Kroatien riefen einen Teil des Landes zur *Republik Serbische Krajna* und damit zu einem unabhängigen Staat aus. Sie sperrten die Straßen mit Baumstämmen und trennten dadurch für die nächsten Jahre Nordkroatien von Südkroatien. Für das Land war diese Trennung eine offene Wunde. Um nach Dalmatien zu kommen, musste man nun durch Bosnien fahren. Die kroatische Polizei durfte nicht eingreifen, sie wurde von der Jugoslawischen Volksarmee daran gehindert.

Ich war endlich frei von Schmerzen, dem Korsett, der Angst. Mein Leben gehörte jetzt nicht mehr Ärzten und Physiotherapeuten. Es gehörte mir. Diese Freiheit konnte ich aber nicht leben – um mich herrschten Chaos und Ungewissheit. Alle wiederholten beständig *nebu dobro*. Jahrelang mit feiner Ironie ausgesprochen, transportierte der Satz jetzt Angst. Die Atmosphäre war aufgeladen.

Jetzt, wo wir erwachsen waren, saßen Barbara und ich oft bei einem Kaffee in unserem Lieblingslokal Garçon in der Tkalčićeva Ulica. Zur Titos Zeiten noch eine romantische schäbige Straße mit alten einstöckigen Häusern, reihte sich jetzt ein schickes Lokal an das nächste. Die Tkalčićeva führte direkt zum Hauptplatz. Früher *Trg Republike Hrvatske*, der Platz der kroatischen Republik genannt, wurde er jetzt in *Trg Bana Jelačića* umbenannt. Ban Jelačić hatte für das Kaiserreich gekämpft und 1848 an der Niederschlagung der bürgerlichen Revolution in Wien teilgenommen. Die HDZ brachte sein Denkmal auf den Hauptplatz zurück. Warum ein Mensch, der gegen den Zerfall des Kaiserreichs gekämpft hatte, gerade zum Symbol für die Freiheit Kroatiens werden sollte, habe ich nie verstanden.

Beim Kaffee diskutierten wir verängstigt die Lage. Wir versuchten zu verstehen, was los war, was mit dem Land und mit dem Leben so wie wir es kannten, passieren würde. Würde es gefährlich werden? Würden wir flüchten müssen? Selbst harmloser Kaffeetratsch war von einer angstvollen Grundstimmung durchzogen.

Während das Land langsam zerfiel, versuchte ich, mein neu erworbenes Leben zu genießen. Seit dem ersten korsettfreien Tag stand ich wieder im Tanzstudio. Der Arzt erlaubte einen langsamen Wiedereinstieg mit viel Vorsicht, auf Sprünge und schnelle Bewegungen musste ich vorerst noch verzichten. Meine Jazz-Dance-Lehrerin nahm mich in eine zeitgenössische Tanztruppe auf und wir übten für ein Stück mit baldiger Premiere am Theater ITD. Ich genoss die Angewandte, hatte ausgezeichnete Noten. Ich las Nietzsche und Hesse. Ich tagträumte heimlich von einem Oscar, wobei ich nicht wusste, wofür mir der verliehen werden könnte.

Wir feierten Premiere, ich tanzte ein Solo und bekam als Einzige im Ensemble Blumen. Ich war fast täglich am Theater. Ich war in das Bühnenleben verliebt. Der staubige Geruch, das dumpfe Echo des leeren Theatersaals. Das Knarren der Bretter, auf denen wir tanzten, die Garderobe mit den winzigen Schminktischen. Die engen Gänge, die zur Bühne führten, die Kabel, die Requisiten. Die Hitze der Scheinwerfer. Der Zuschauerraum voller Gesichter in der Dunkelheit. Die Energie des Publikums. Die Nervosität vor jedem Auftritt. Die stolze Erleichterung nach jedem Applaus. Das Theater versteckte mich vor der Realität. Es war meine Insel.

Im Sommer 1991 erklärten Kroatien und Slowenien ihre Unabhängigkeit. Titos Verfassung aus 1974 ermöglichte dies. Milošević wollte das verhindern – notfalls mit Gewalt. Alle größeren Städte wurden von der jugoslawischen Armee, die jetzt völlig in serbischen Händen war, angegriffen. Šibenik, Vukovar, Osijek, Zadar, Split, Dubrovnik. Sogar Karlovac, nur 56 Kilometer von Zagreb entfernt. Wir befanden uns im Krieg und wir hatten nicht einmal eine Armee.

Alle Zeitungen, alle Fernsehprogramme brachten die Bilder der Zerstörung, von Blut, Explosionen, Leichen und Verletzten. Die Radiosender berichteten jede Stunde von neuen Kämpfen und korrigierten die Zahlen der Opfer ständig nach oben. Wir konnten vor diesen Bildern nicht fliehen. Mit jedem neuen Angriff steigerten sich unsere Angst und unsere Wut. Das Land befand sich im Ausnahmezustand. Wir kannten keinen Krieg. Wir kannten ihn nur aus Titos alten Partisanenfilmen.

Einige von meinen Freunden waren leidenschaftliche Kroaten und wollten für unser Land und seine Unabhängigkeit kämpfen. Andere wollten lieber ein Teil von Jugoslawien bleiben, wenn uns das einen Krieg ersparen könnte. Viele hatten keine explizite Meinung, sie wollten nur kein Leiden mehr sehen. Aber unser Land wurde angegriffen. Wenn man monatelang mit den Bildern des Todes und der Zerstörung konfrontiert ist, wird man wütend – man will sich wehren. Aber in unseren Kreisen war es unvorstellbar, gegen jene Menschen, die bis vor Kurzem unsere Nachbarn und Landsleute gewesen waren, die Waffe zu erheben. Keiner meiner Freunde zog freiwillig in den Krieg.

Wir versuchten, den Anschein von Normalität zu wahren. Wie jeden Sommer fuhren Mama und ich ans Meer. Es war nicht mehr wie früher. Dalmatien war jetzt vom Rest Kroatiens durch das Kriegsgebiet abgetrennt und man musste zwölf Stunden mit einem Bus fahren, um Šibenik zu erreichen. Die Insel war menschenleer. Unheimlich ruhig. Hier lachte niemand mehr. Statt Musik hörte man nun die Detonationen aus dem nahe gelegenen Kampfgebiet. Wir konnten den Krieg nun spüren. Die Insel vibrierte unter den Explosionen der Granaten.

Am Ende des Sommers fuhren wir nach Zagreb zurück. Eine Reise ins Ungewisse.

Das Ende

Ein warmer herbstlicher Sonntagnachmittag. Die tief stehende Sonne durchflutet unsere Wohnung mit goldenem Licht. Winzige Staubteilchen glitzern in den Sonnenstrahlen. Ruhe. Irgendwo weit weg hört man Kinder spielen. Mama schläft auf der Couch. Das antike Möbel rahmt ihre Schönheit. Meine Mutter, das Dornröschen. Tila liegt im Eck und schnarcht leise, kaum hörbar. Ihr regelmäßiger Atemrhythmus beruhigt mich.

Ich erledige Hausaufgaben. Ich zeichne. Ich bin zufrieden und ruhig.

Plötzlich erschüttert mich ein Beben mit einer noch nie gespürten Kraft. Es ist anders als ein Erdbeben – es ist abrupt, aggressiv, vernichtend, böse.

Ein Kampfjet fliegt mit unglaublicher Geschwindigkeit direkt über unser Haus hinweg. Das Haus bebt. Unser Leben bebt, von den feindlichen Schallwellen in Schwingung versetzt. Unser Leben zittert.

Sie sind da. Wir fahren hoch und warten, alles erstarrt. Die Ruhe kehrt zurück. Sie ist nun nicht mehr golden. Sie ist eiskalt.

Dann fängt die Sirene an zu heulen. Ein trauriges und schmerzhaftes Geräusch. Ein sterbendes Biest. Wir haben es bisher nur einmal vernommen, vor elf Jahren, als Tito starb.

Wir wissen nun, dass es ernst ist. Die Bomben warten schon. Mama sagt, ich soll den Hund nehmen, sie hetzt durch die Wohnung, sammelt ein, was ihr wichtig erscheint. Die Schmuckdose, das Geld, die Dokumentenmappe.

Wir laufen in den Keller. Alle laufen in den Keller. Die vier Stockwerke kommen mir wie vierzig vor.

Der Keller ist weiß gestrichen, kalt und von einer Neonlampe beleuchtet. Die Nachbarn haben sich schon vor Monaten auf diese Situation vorbereitet. Der Keller ist ausgeräumt. Sessel und Bänke stehen an den Wänden. Wir sind von Angst gelähmt. Niemand sagt etwas. Jemand hat ein Radio. Eine ernste Stimme verkündet uns, was wir längst wissen: Wir werden angegriffen.

Ich sitze neben meiner Mutter, mein ganzer Körper zittert vor Angst. Mein Herz rast und schlägt wild, unregelmäßig. Ich bin komplett erstarrt. Ich bin Angst. Ich bin Schmerz. Ich bin der Krieg. Die Zerstörung, der Hunger, der Tod.

All die Bilder von Leichen und Blut der letzten Monate ziehen an mir vorbei. Ich sehe unser Haus als Ruine. Ich sehe die ganze Stadt als Ruine. Ich will nicht, dass meiner Mutter etwas passiert. Sie sorgt sich um mich. Sie umarmt mich, hält mich fest, redet mit mir, versucht mich zu beruhigen. Sie hat aber selbst Angst. Ihre schönen großen Augen sind geweitet, ihr Gesicht ist blass, sie ist verkrampft. Ich presse einen Satz hervor: »Sobald das vorbei ist, müssen wir nach Wien. Ich halte es hier nicht aus.«

Wir sitzen lange Stunden im Keller. Ich weiß nicht mehr, wie viele. Zeit existiert nicht. Wir lauschen den Kampfjets über unseren Köpfen – ungewollte Zeugen der Zerstörung unseres Landes. Bei jedem Anflug eines Flugzeugs verkrampfen wir uns, halten den Atem an und warten auf die Bomben. Die Nachbarn und Mama wechseln hin und wieder ein paar Wörter, kurz und leise. Sie reden darüber, was auf uns zukommen könnte. Die Gespräche stocken an der Oberfläche, gerinnen im Gemeinplatz. Die Situation ist beängstigend, wir aber tun so, als ob alles bald wieder in Ordnung kommen würde. Sie wollen die Kinder nicht erschrecken. Die Kinder sind entspannter als die Erwachsenen, sie reden fröhlich miteinander, versuchen zu spielen. Sie kennen die Bilder nicht. Sie haben kein Bild vom Tod.

Irgendwann kehrt Ruhe ein. Sie hält an und erschreckt uns wie die Flugzeuge zuvor. Dann endlich die Sirene. Es ist vorbei. Wir atmen aus. Wir gehen wortlos zurück in unsere Wohnungen. Mama und ich beginnen sofort zu packen. Nur das Wichtigste, nur für paar Tage, bis sich die Lage beruhigt. Ich nehme meine rosafarbene Balletttasche und stopfe sie voll mit Tanzsachen, Unterwäsche, einigen T-Shirts und Jeans. Nur für paar Tage. Wir rufen Papa an. Ich rufe Barbara an und frage sie, ob sie mitkommen will. Sie will nicht. Es wird ja bald alles vorbei sein.

Der nächste Zug nach Wien fährt erst um Mitternacht. Wir bestellen ein Taxi. Mittlerweile ist es Nacht. Zagreb ist komplett verdunkelt. Nur ein paar Autos sind auf der Straße. Sie fahren ganz langsam, denn ihre Scheinwerfer sind mit Kartons abgedeckt, die in der Mitte durchlöchert sind. Die Stadt ist mit schwerbewaffneten Soldaten bevölkert. Immer wieder werden wir aufgehalten. Es ist dunkel, ich sehe die Soldaten erst, als sie bereits beim Auto sind. Ich sehe die Uniform und das riesige Gewehr. Die Fahrt dauert ewig. Die Zeit hat andere Dimensionen. Zagreb ist in der Dunkelheit verschwunden. Die Dunkelheit erlaubt mir nicht, mich von meiner Stadt angemessen zu verabschieden.

Der alte k.u.k. Hauptbahnhof ist verdunkelt, überall Soldaten. Die Szenerie ist unwirklich, wie auf einem von Mamas Filmsets. Wir schaffen es, trotz der Dunkelheit die Karten zu kaufen und den Zug nach Wien zu finden. Der Zug ist leer, wir sitzen alleine im finsteren Abteil. Es stinkt nach kaltem Zigarettenrauch. Wir müssen lange warten, denn wir sind viel zu früh hier. Wir sind von Angst betäubt. Meine Mutter schweigt in der Finsternis. Um Mitternacht geht es los. Der leere Zug nach Wien erwacht zum Leben und rollt langsam an. Ich spüre, dass gerade etwas Wichtiges passiert. Mein Leben fährt los.

Das Schicksal hat eine Präsenz, eine Form. Es ist spürbar, beinahe kann man es berühren. Es ist finster, es ist kalt und ungewiss. Keine fröhliche Gestalt.

Als wir Slowenien erreichen, werden die Lichter eingeschaltet. Wir sind so erschöpft, dass wir sie sofort wieder ausschalten, um zu schlafen. Die Sicherheit erlaubt es uns.

Die ersten Sonnenstrahlen wecken uns kurz bevor wir Wien erreichen. Häuser, Bäume, Autos flitzen am Fenster vorbei. Wir sehen hinaus. Wir können das, was wir sehen, nicht mit dem, was wir in uns tragen, verbinden. Eine andere Wirklichkeit. Nicht unsere. Ein Traum? Eine friedliche Welt. Hell, sorglos, ruhig. So nah und so anders. Hier gibt es keinen Krieg.

Schließlich hält der Zug am Wiener Südbahnhof. Papa wartet schon auf dem Bahnsteig. Der Bahnhof wird in warme Morgensonne getaucht. Wir umarmen uns. Angst, Ungewissheit und Erschöpfung betäuben uns noch immer.

Ein neues Leben fängt an.

Danach

Aus »nur paar Tage in Wien« wurden Wochen. Die Ruhe kehrte nicht so schnell wieder ein, wie wir hofften. Meine Eltern wollten vermeiden, dass ich noch ein Schuljahr verliere. Da ich kein Deutsch sprach und die American International School mir ein Stipendium anbot, fing ich dort das Schuljahr an. In der AIS blieb ich zwei Jahre, bis zur Matura. Mein Traum vom Besuch einer internationalen Schule sollte sich schließlich erfüllten.

Meine Eltern hielten es zusammen nicht lange aus. Nach einigen Monaten kehrte Mama nach Zagreb zurück. Unsere Trennung hinterließ eine große Wunde. Wir sehen uns täglich via Skype und verbringen jeden Sommer gemeinsam auf Zlarin. Sie hörte nie auf zu malen und Filme zu drehen.

Glücklich, in dieser Stadt leben zu dürfen, umarmte ich Wien, drückte es fest an mich und ließ es nicht mehr los. Der Neuanfang war hart und einsam. Die Trennung von meiner Mutter war schmerzhaft. Aber auch an Abwesenheit gewöhnt man sich. Die Begeisterung für Wien war dabei sehr hilfreich. Ich schloss neue Freundschaften, lernte Deutsch, ging in Kaffeehäuser, besuchte eine Tanzschule, tanzte auf Bällen, verbrachte die Sonntage im Kunsthistorischen Museum, besuchte die Oper und Konzerte. Ich verliebte mich in meine neue Stadt. Eine Liebe, die bis heute anhält.

Papa baute unzählige Häuser in Wien und sagt gerne, dass das Beste, was ihm je passiert ist, meine Flucht nach Wien war. Unsere Beziehung wurde enger. Wir entwickelten über die Jahre eine schöne Vater-Tochter-Beziehung.

Barbara, Ogi und Svebor leben immer noch in Zagreb und haben wunderbare Familien. Als ich sie wegen diesem